로컬 병원 마케팅

작은 차이가 큰 경쟁력을 만든다!

기획부터 전략까지, AI 시대에 맞춘 병원 마케팅 로드맵

목차

프롤로그 8

1장

병원 마케팅의 본질

- 병원 개원 후, 마케팅은 선택이 아닌 필수이다 15
- 계획 없이 시작하는 병원 마케팅이 실패하는 다섯 가지 이유 ... 18
- 병원 마케팅 전략은 '환경 분석'에서 시작된다 21
- 고객 경험을 이해해야 전략이 산다 23
- 전략은 실행될 때 비로소 힘을 갖는다 25

2장

마케팅 전략의 시작
- 오프라인과 디지털 환경 분석

- 오프라인 상권 vs. 디지털 환경의 이해 32
- 오프라인 상권 분석 37

- 오프라인 진료권의 분류 ··· 39
- 오프라인 상권의 분석 방법 ··· 51
- AI를 활용한 상권 분석 데이터 해석과 전략 수립 ······················· 57
- 디지털 환경 분석 – 디지털 시대의 핵심 주체 ··························· 62
- 우리 병원의 디지털 브랜딩과 키워드 전략 분석 ······················· 66
- 경쟁 병원의 분석 ··· 75
- 환자 관점에서 본 온라인 병원 선택 여정 ································ 80
- 데이터로 우리 병원의 현재를 냉정하게 바라보기 ····················· 85

3장

마케팅의 출발점, 병원의 방향을 정하다

- 병원 마케팅 전략의 출발점 – 목적과 목표를 설정하자 ············· 91
- 병원의 철학과 존재 이유를 담은 '목적(Purpose)' ···················· 93
- 전략 실행의 이정표가 되는 '목표(Goal)' ································ 96
- 목적과 목표, 마케팅의 균형추 ··· 97
- 병원의 목적과 목표를 넘어, '콘셉트'를 설계하다 ···················· 100
- 병원의 콘셉트가 중요한 이유 ··· 101
- 병원의 콘셉트, 어떻게 만들어야 할까? ································· 104
- 우리 병원만의 한 줄 메시지를 만들자 ··································· 107
- AI를 활용해 우리 병원의 한 줄 메시지를 만들자 ··················· 110

4장

타깃 환자 설정과 고객 페르소나 정리하기

- 병원의 목표를 실현하기 위한 타깃 고객 설정 ······ 115
- 타깃 고객 설정은 어떻게 할까? ······ 116
- 타깃 고객을 더욱 세분화한 전략, 고객 페르소나 마케팅 ······ 117
- 고객 페르소나란 무엇인가? ······ 118
- 병원 마케팅에서 고객 페르소나를 왜 설정해야 하는가? ······ 120
- 고객 페르소나는 어떻게 구성되는가?
  (구매 행동 기반의 5단계 프레임) ······ 121
- 병원 맞춤형 고객 페르소나 설정 방법 ······ 122
- 고객 페르소나는 '한 사람을 위한 전략'이 아닌,
  시장을 여는 전략이다 ······ 124

5장

마케팅 계획과 전략

- 왜 마케팅 계획을 세워야 하는가? ······ 129
- 마케팅 계획은 단기·중기·장기로 나누어 설계 ······ 132

- 마케팅 계획은 어떻게 세워야 하나? · 134
- 구체적인 마케팅 계획 수립 방법 · 136
- 환자 유입 퍼널로 설계하는 병원 마케팅 전략 · 140
- 마케팅 계획과 퍼널 전략의 연결점 · 144
- 퍼널 기반 병원 마케팅 전략의 장점 · 146

6장

마케팅 채널 운영과 실행

- 효과적인 마케팅 실행을 위한 방법 · 151
- 채널 특성과 미디어 이해가 핵심이다 · 157
- 온라인 마케팅의 세 가지 접근 방식 · 158
- 타깃 기반 온라인 마케팅 전략 수립 · 168
- 유입과 신뢰를 동시에 만드는 콘텐츠 · 171
- 병원이 말하고 싶은 것 vs. 환자가 알고 싶은 것 · 173
- 매체별 광고 특징과 활용 전략 · 175
- 오프라인 채널 전략 – 지역 기반 접근의 정석 · 179
- 오프라인 마케팅은 '제휴와 협업'으로 확장될 수 있다 · 181
- 지역 밀착형 제휴 마케팅의 예시와 전략 · 182
- 제휴 마케팅을 실행할 때 고려할 점 · 185

7장

마케팅 결과 분석과 전략 보완

- 결과를 분석하고 전략을 조정하자 191
- 병원 마케팅 KPI – 실전 해설과 활용법 193
- KPI 지표를 이렇게 해석해 보자 199

8장

병원 마케팅의 법적 기준과 윤리

- 〈의료법〉과 의료 광고 심의 206
- 〈의료법〉상 반드시 피해야 할 표현들 208
- 의료 광고 심의 시 주의 사항 210
- AI·챗봇 시대의 의료 마케팅 윤리 211
- 병원 마케팅에서 법은 '제한'이 아니라 '기준'이다 213

프롤로그

이제는 단순히 진료만 잘한다고 환자가 찾아오던 시대는 끝났다. 병원도 스스로의 존재와 가치를 외부에 적극적으로 알리는 전략이 필요하다.

그러나 많은 병원이 마케팅을 어디서부터 어떻게 시작해야 할지 몰라 막막함을 느끼는 경우가 많다.
무엇을 어떻게 알릴지조차 정리되지 않은 상태에서 명확한 계획 없이 이것저것 시도하다 보니, 시간과 비용을 들이고도 기대한 효과를 얻지 못해 결국 중도에 포기하는 경우가 적지 않다.

이 책은 병원을 처음 개원했거나, 운영 중에 마케팅의 필요성을 체감하고 있는 병원장과 실무자들이 시행착오 없이 기초부터 체계적인 마케팅을 수행할 수 있도록 돕기 위해 기획된 실전 안내서다.

지난 20년간 병원 실무자로 병원 마케팅 현장에서 쌓아 온 경험을 토대로, 실무에 바로 적용할 수 있도록 핵심 내용을 정리하였다.

병원 마케팅의 개념부터 시작해 환경 분석, 타깃 설정, 콘텐츠 전략, 채널 운영과 실행까지 실제 병원 운영에 적용 가능한 흐름에 따라 설명하며, 각 단계에서 병원에 맞는 전략을 스스로 설계할 수 있도록 구성하였다.

병원 마케팅은 크게 세 가지로 나뉜다.

1. **외부 마케팅**: 환자에게 병원의 존재와 가치를 알리고, 내원으로 유도하는 브랜딩 활동
2. **내부 마케팅**: 내원한 환자에게 긍정적인 경험을 제공해 재방문과 소개로 이어지게 만드는 과정
3. **고객 관계 마케팅(CRM)**: 기존 환자와 지속적으로 관계를 유지하며 장기적 신뢰를 형성하는 전략

이 세 가지 마케팅이 유기적으로 연결되었을 때 병원의 브랜딩은 비로소 완성된다.
하지만 이 모든 내용을 한 권의 책에 담기에는 범위가 너무 넓다.
따라서 이 책은 브랜딩의 첫 출발점인 외부 마케팅에 집중하고자 한다.

내부 마케팅과 고객 관계 관리(Customer Relationship Management)에 관한 전문적인 자료와 실무 서적은 이미 다수 존재한다.
그러므로 이 책에서는 환자에게 병원의 존재를 인식시키고, 그 병원이 어떤 가치를 주는 곳인지 이해시키며, 실제 내원과 추천으로 연결되는 '첫 번째 마케팅의 흐름'에 집중하려고 한다.

단, 반드시 강조하고 싶은 점은 외부 마케팅은 병원 내부 시스템이 일정 수준 이상 갖춰진 상태에서만 효과를 발휘할 수 있다는 사실이다.

의료진의 실력, 직원의 응대, 진료 프로세스, 대기 환경, 커뮤니케이션 체계 등 병원의 전반적인 환자 경험이 준비되지 않은 상태에서 외부

마케팅만 강화하여 많은 환자가 방문한다 해도 병원 내부가 그 기대를 충족하지 못하면 오히려 역효과를 낳을 수 있다.

이 책에서 말하는 병원 마케팅은 '우리 병원이 어떤 병원인지' 환자에게 명확하게 인식시키고, 그 인식이 실제 방문과 추천으로 이어지게 만드는 외부 중심의 브랜딩 전략을 실현시키는 전략이다.

따라서 병원의 내부 시스템이 갖춰져 있다는 전제 아래, 외부 환경 분석을 시작으로 타깃 설정, 마케팅 전략 수립, 채널 운영과 실행 전략에 이르기까지 외부 시점에서 환자가 병원을 인식하고 선택하는 과정에 집중한다.

병원 마케팅의 초기 전략은 병원을 둘러싼 환경에서 시작된다.
그 첫걸음을 함께 내디딜 수 있도록 도와주는 실전 지침서가 되었으면 한다.

이 책이 완성되기까지 도움을 주신 이종상 과장님과 신금석 본부장님 그리고 끝까지 응원해 준 가족들에게 감사의 마음을 전한다.

1장

병원 마케팅의 본질

> "마케팅은 병원의 생존 도구가 아니라,
> 정체성을 만들어 가는 전략이다."

좋은 실력과 장비만으로 환자가 오던 시대는 지났다.
병원 마케팅은 단순한 유입 수단이 아닌, '왜 이 병원을 선택해야 하는가'를 설계하는 전략이다.
이 장에서는 마케팅의 본질을 다시 짚고,
병원이 마케팅에서 흔히 빠지는 오류 다섯 가지를 분석하며,
환경 분석과 환자 경험 중심의 전략 수립이 왜 필요한지를 이야기한다.
'계획 없는 실행'이 아닌, '실행을 전제로 한 전략'이 병원 마케팅의 출발점임을 강조한다.

"차별화되지 않으면 사라진다."

- 잭 트라우트(Jack Trout)

병원 개원 후, 마케팅은 선택이 아닌 필수이다

　병원을 개원한 초기에는 지역 주민들의 관심이나 지인 소개만으로도 어느 정도 환자 유입이 이루어진다. 그러나 시간이 흐르면 이러한 자연 유입은 점차 줄어들고, 병원 운영은 점점 안정적이면서도 지속적인 환자 유입이라는 과제를 안게 된다. 이 시점에서 병원은 비로소 마케팅의 필요성을 절실하게 체감하게 된다.

　현대 의료 시장은 단순히 좋은 위치나 진료 실력만으로 환자를 유치하기 어려운 환경이 되었다. 병원 간 경쟁은 점점 치열해지고 있으며, 환자들은 이제 단순히 거리나 시설이 아닌 서비스 품질, 병원의 이미지, 환자 경험 등을 종합적으로 고려해 병원을 선택하고 있다.

과거에는 의료진의 경력이나 장비의 최신성이 주요 선택 기준이었다면, 이제는 검색 결과와 리뷰, SNS 활동까지 모두 선택의 중요한 요소가 되었다.

특히 정보의 범람으로 병원에서 새롭게 도입한 진료 서비스나 특화 프로그램이 있어도, 이를 효과적으로 알리지 않으면 환자들은 병원의 변화를 인지하지 못한 채 스쳐 지나갈 수 있다.

병원 마케팅은 이러한 새로운 소식과 변화를 환자에게 빠르고 효과적으로 전달할 뿐만 아니라, 병원의 전문성과 차별성을 알리고 인식시키며, 궁극적으로는 신뢰를 쌓아 가는 커뮤니케이션 수단이다.

또한 병원 마케팅은 단기적인 환자 유입을 넘어, 병원의 성장 단계에 따라 변화하는 목표에 유연하게 대응하는 역할을 한다.
개원 초기에는 생존을 위한 도구였다면, 어느 정도 자리를 잡은 이후에는 브랜드 이미지 강화와 환자 충성도 확보를 위한 전략으로 확장하게 된다.

하지만, 단기 성과에만 집중하는 마케팅은 지속 가능하지 않기 때문에 병원이 지역 사회에서 신뢰받는 존재가 되기 위해서는 체계적이고 일관된 브랜딩이 뒷받침되어야 한다.

결국 병원 마케팅은 단기 유입을 넘어서 '어떤 병원으로 인식될 것인가', '왜 이 병원을 선택하게 되었는가'를 설계하고, 이에 맞는 전략을 실행하는 과정이며, 더 이상 선택이 아니라, 병원이 지속적으로 생존하고 성장하기 위해 반드시 갖추어야 할 핵심 역량이 되었다.

계획 없이 시작하는 병원 마케팅이 실패하는 다섯 가지 이유

병원 마케팅을 시작하려는 병원 중 상당수가 '마케팅을 해야 할 것 같다.'라는 막연한 생각에서 출발한다. 그러나 어떤 목표를 설정해야 할지, 누구를 대상으로 어떤 방식으로 접근해야 할지에 대한 전략 없이 시작하는 경우가 많다.

이처럼 전략 없이 시작된 마케팅은 광고에만 의존하거나 단기적인 성과에만 집중하게 되기 쉽다. 그 결과 시행착오가 반복되고, 시간과 예산만 낭비되는 상황에 직면하게 된다.

병원 마케팅이 계획 없이 시작되었을 때 흔히 실패하는 다섯 가지 이유를 정리하면 다음과 같다.

❶ 마케팅은 해야 할 것 같은데, 어디서부터 시작해야 할지 모르겠다

많은 병원이 '요즘 다들 마케팅을 하니까 우리 병원도 뭔가는 해야 하지 않을까?'라는 조급한 마음으로 마케팅을 시작하려 한다.

그러나 구체적인 목표나 전략 없이 시작된 마케팅은 실행 도중 방향을 잃기 쉽다.

어떤 광고를 해야 할지, 어떤 채널을 활용해야 할지 결정하지 못한 채 이것저것 시도하게 되고, 정작 원하는 결과는 얻기 어렵다.

결국 시간과 예산만 쓰고도 효과를 체감하지 못해, 마케팅 자체에 대한 회의감만 남게 된다.

마케팅은 유행처럼 시작할 일이 아니라, 병원의 목표와 상황에 맞는 방향을 설정하는 것에서 출발해야 한다.

❷ 환자가 줄어드는 이유를 모르겠다

환자 수가 줄고 있다는 위기감은 있지만, 그 원인을 명확히 파악하지 못하는 경우가 많다.

내부 서비스의 문제인지, 경쟁 병원의 마케팅 때문인지, 아니면 지역 환경의 변화인지 원인을 진단하지 않은 채 막연히 마케팅부터 시작한다.

이런 상태에서는 방향성을 잡기 어려워지고, 전략 수립은 '감'에 의존하게 되어, 결과적으로 효과적인 실행보다는 불안한 시도만 반복되기 쉽다.

불확실한 실행보다, 원인을 파악하는 과정이 먼저 이뤄져야 한다.

❸ 기획은 했는데, 실행이 없다

마케팅 회의를 통해 전략을 세우고, 멋진 기획서까지 만들어 놓지만 실제 실행으로 이어지지 않는 경우가 많다.

병원 운영은 진료와 환자 응대가 우선이기 때문에, 마케팅은 늘 '중요하지만 당장은 급하지 않은 일'로 밀려나기 쉽다.

이처럼 실행력이 뒷받침되지 않으면 아무리 좋은 전략이라도 결국 책상 위 기획서로만 남게 된다.

기획과 실행 사이의 간극을 좁히는 것이 마케팅 성공의 첫걸음이다.

❹ 컨설팅은 받았지만, 우리 병원에 맞지 않는다

마케팅 컨설팅을 받았음에도 원하는 결과를 얻지 못하는 경우가 많다.

그 이유는 대부분 병원의 위치, 진료 과목의 특성, 환자층 등 실제 조건이 충분히 반영되지 않은 '일률적인 매뉴얼' 중심으로 전략이 기획된 결과에서 비롯된다.

좋은 마케팅 전략은 정답이 있는 공식이 아니라, 병원마다 특성과 상황에 맞게 설계되어야 한다.

❺ 단기 성과에만 집중하고, 장기 전략이 없다

'이번 달 광고로 몇 명이 왔는가'에만 집중하다 보면, 마케팅은 단기 유입 수단으로만 소비된다.

물론 광고 성과도 중요한 지표지만, 그것이 병원의 브랜딩이나 환자의 재방문으로 이어지지 않는다면 지속 가능한 마케팅이라 보기 어렵다.

결국, 단기 유입을 넘어서 환자와의 신뢰를 구축하고 병원의 정체성과 방향이 일치하는 브랜드 전략을 함께 설계해야 한다.

병원 마케팅 전략은 '환경 분석'에서 시작된다

이 책에서 제안하는 병원 마케팅 전략의 출발점은 병원 내부가 아니라, 외부 환경 분석이다.

이제는 의료진의 실력, 최신 장비, 친절한 응대만으로는 환자의 선택을 받기 어렵다.

환자 스스로 병원을 선택하고, 검색하고, 평가하며, 다른 사람에게 소개하는 주체가 되었기 때문이다.

그렇다면, 우리가 가장 먼저 들여다보아야 할 것은 무엇일까?

우리 병원이 위치한 입지 조건과 유동 인구, 주요 연령대와 생활 패턴을 살펴봐야 한다. 또한 주변에 어떤 병원이 경쟁 관계에 있으며, 그 병원들은 어떤 진료를 중심으로 주력하고 있는지도 함께 분석해야 한다.

동시에 온라인 환경 역시 면밀히 살펴봐야 한다.

우리 병원이 어떤 키워드로 검색되고 있으며, 어떤 콘텐츠나 리뷰를 통해 인식되고 있는지, 홈페이지나 블로그, 지도 서비스 등 온라인 채널에서 환자에게 어떻게 보이고 있는지를 객관적으로 확인해야 한다.

이처럼 오프라인 환경 분석과 온라인 환경 분석은 병원 마케팅 전략의 현실적인 출발점이자 나침반이 될 수 있다.

마케팅 전략은 반드시 현실적인 데이터와 환경 조건 위에 설계되어야 성공 확률이 높다.

아무리 좋은 콘텐츠를 만들고, 광고에 예산을 투입해도 우리 병원이 처한 현실과 동떨어진 계획이라면 효과는 제한적일 수밖에 없다.

그래서 병원 마케팅은 먼저 '우리가 어디에 서 있는가'를 냉정하게 진단하고, 그 진단을 바탕으로 '어디로 가야 할지'를 설정하는 과정으로 구성되어야 한다.

우리 병원의 오프라인과 온라인 환경을 분석하고, 그 위에 병원의 목적과 콘셉트를 더해 우리 병원에 가장 적합한 브랜딩 방향과 실현 가능한 실행 전략을 세우는 것, 이것이 바로 병원 마케팅 전략의 출발점이다.

고객 경험을 이해해야 전략이 산다

병원 마케팅에서 또 다른 출발점은 바로 '환자의 시선'이다.

모든 전략은 병원이 하고 싶은 말이 아니라, 환자가 듣고 싶어 하는 말, 병원이 전하고 싶은 가치가 아니라 환자가 실제로 느끼는 경험에서 시작되어야 한다.

많은 병원이 마케팅 전략을 수립할 때 병원 중심의 시선에서 출발한다. "우리는 이런 장비를 갖추고 있다.", "이런 수술을 잘한다.", "이런 전문가가 있다."라는 메시지는 병원 입장에서는 분명 강점일 수 있다.

하지만 환자 입장에서는 '과연 나에게 도움이 되는가.', '이 병원을 믿을 수 있는가.'라는 생각이 더 중요하게 느껴질 수 있다.

그러므로 병원이 말하고 싶은 것보다, 환자가 알고 싶고 신뢰할 수 있는 것이 무엇인지 파악하는 것이 중요하다. 이를 위해서는 병원이 스스로를 바라보는 관점에서 벗어나, 환자의 입장에서 병원을 바라보는 태도 전환이 필요하다.

대부분의 환자는 먼저 검색을 통해 정보를 탐색하고, 후기나 리뷰를 비교한 뒤, 병원의 콘텐츠를 살펴보고 방문을 결정한다. 이후 진료 경험은 재방문 또는 타인에게의 추천 여부에 큰 영향을 미친다.

이처럼 병원 마케팅은 환자의 시선에서 경험의 흐름, 즉 '여정(Journey)'을 이해하고 설계해야 한다.
병원을 처음 접하는 검색 단계부터, 진료 전 상담, 진료 과정, 진료 후 만족도, 그리고 재방문이나 추천에 이르기까지의 전 과정을 정교하게 설계하고 관리하는 것이 핵심이다.

전략은 실행될 때 비로소 힘을 갖는다

많은 병원이 마케팅 전략을 고민하고, 다양한 계획을 세운다.
회의실에서는 멋진 아이디어가 오가고, 컨설팅을 통해 그럴듯한 기획서도 만들어진다.
하지만 '시간이 없어서', '예산이 부족해서', '아직 준비가 덜 되어서' 실행은 늘 다음으로 미뤄지고, 그렇게 전략은 서랍 속에 갇혀 버리는 경우가 많다.

그러나 전략은 실행될 때 비로소 힘을 갖는다.
완벽하게 짜인 계획이어도, 실행하지 않으면 아무런 의미가 없다.
반대로, 거창하지 않더라도 한 걸음씩 움직이는 실행은 언제나 결과를 남긴다.
블로그에 글 하나를 올리고, 인스타에 병원의 분위기를 담은 사진 한 장을 공유하고, 환자에게 전화를 걸어 진료 후 만족도를 물어보는 그 작은 실천이 결국 전략이 된다.

병원 마케팅은 실전이다.
실행 없이 분석만 반복하거나, 기획에만 머무르는 마케팅은 현장의 흐름과 환자의 반응을 절대 읽을 수 없다.

실행하고, 피드백 받고, 다시 고치고, 다시 실행하는 것, 이러한 반복 안에서 병원의 방향은 다듬어지고, 마케팅 전략은 성장할 수 있다.

책상 위 전략이 아니라 현장에서 작동하는 전략을 만드는 것이 원하는 성과를 만들 수 있다.

> **핵심 TIP** 병원 마케팅, 전략보다 실행이 먼저다
>
> **❶ 병원 마케팅은 더 이상 선택이 아니다**
> 단순한 환자 유입 수단이 아니라, 병원이 '어떤 존재로 기억될 것인가'를 설계하는 필수 전략이다.
>
> **❷ 전략은 실행될 때 비로소 힘을 갖는다**
> 계획만 세우고 실행하지 않으면 아무 일도 일어나지 않는다. 작게라도 실천하라. 움직이는 전략이 결국 성과를 만든다.
>
> **❸ '병원이 말하고 싶은 것'이 아니라, '환자가 듣고 싶은 것'을 전하자**
> 모든 콘텐츠와 메시지는 환자의 시선에서 출발해야 한다.
>
> **❹ 환경을 분석하자 – 감이 아닌 데이터로 전략을 짜야 한다**
> 입지와 경쟁 상황, 온라인 노출, 타깃 환자 데이터를 기반으로 병원의 현재 환경을 진단해야 한다.
>
> **❺ 병원 마케팅은 브랜딩이다**
> 한 번의 광고보다 '어떤 병원으로 인식되는가'를 설계하는 장기 전략이 진짜 경쟁력이 된다.

2장

마케팅 전략의 시작
- 오프라인과 디지털 환경 분석

> **"병원 마케팅의 전장은 이제 거리보다 데이터다."**

입지와 유동 인구만 따지던 시대는 끝났다.
디지털 소비 패턴과 AI 분석까지, 병원을 둘러싼 환경은 급변하고 있다.
이 장에서는 오프라인 상권부터 디지털 환경,
그리고 진료권 분석과 AI 기반 환경 진단까지 다층적인 분석을 통해
병원의 현재 위치를 파악하고 전략의 출발점을 정할 수 있도록 돕는다.

"적을 알고 나를 알면 백 번 싸워도 위태롭지 않다."

- 《손자병법(孫子兵法)》

병원 마케팅에서 환경 분석은 오프라인 상권과 온라인 유입 경로를 정확히 파악하고, 이를 바탕으로 전략을 설계하기 위한 출발점이다.

병원 마케팅의 최종 목표는 환자 유입을 극대화하고, 병원의 지속적인 성장을 이루는 것이다. 이를 위해 병원은 단순히 병원을 알리는 데 그치지 않고 병원이 위치한 지역에서 잠재 환자층의 특성을 분석하고, 경쟁 병원과의 차별화를 도모하며, 환자가 기대하고 원하는 병원의 모습이 무엇인지 정확히 이해한 후, 이를 반영한 방향으로 마케팅 전략을 구성해야 한다.

병원은 일반적인 상업 시설과 달리, 단순한 유동 인구 수보다 의료 수요, 지역 의료 환경, 접근성, 경쟁 병원의 특성 등 다양한 요소가 종합적으로 작용하는 공간이다. 따라서 마케팅 전략을 수립하기 위해서는 이와 같은 요소들을 바탕으로 한 정밀한 데이터 분석이 필요하다.

이를 효과적으로 수행하기 위해서는 오프라인과 온라인 두 환경에서 동시에 조사가 이루어져야 하며, 다양한 데이터를 결합한 진료 환경 분석을 통해 환자의 유입 경로, 선호 진료 항목, 경쟁 병원과의 차별화 전략까지 입체적으로 파악해야 한다.

오프라인 상권 vs. 디지털 환경의 이해

과거의 환경 분석은 병원 개원 입지를 선정하기 위한 오프라인 중심의 상권 분석이 중심이었다.

이때는 병원이 위치한 지리적 공간, 즉, 물리적인 공간을 기준으로 분석이 진행되었다.

지리적 공간(Location Area)은 공간적 입지, 건물 특성, 유동 인구, 배후 인구와 같은 요소들이 주요 분석 대상이었으며, 이러한 분석은 병원의 접근성과 잠재 환자들이 얼마나 쉽게 병원에 도달할 수 있는지를 평가하는 데 중요한 역할을 했다.

과거의 상권(지리적 공간)

하지만 디지털 환경이 일상화된 오늘날, 환자와 병원의 접점은 오프라인을 넘어 온라인으로 확장되었다.

병원을 찾는 환자들은 이제 포털 검색, SNS, 지역 커뮤니티, AI에 이르기까지 온라인상에서 정보를 수집하고 선택하게 되었고, 이에 따라 병원의 환경 분석도 단순한 공간 분석에서 더 나아가 온라인과 디지털 소비 패턴을 포함한 '디지털 환경' 개념으로 확장되어야 한다.

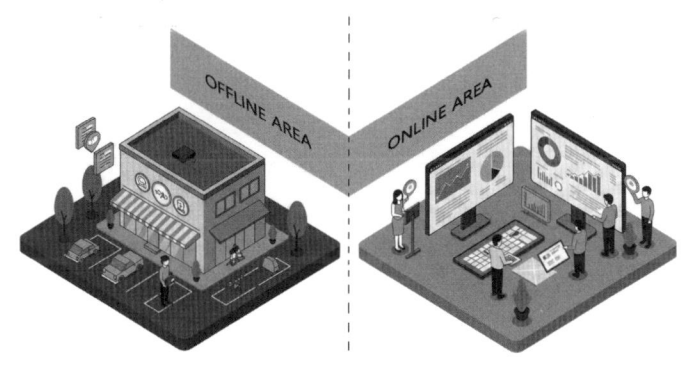

현재의 상권(디지털 공간)

디지털 환경이란, 온라인 플랫폼상에서 형성되는 가상의 마케팅 공간을 의미한다.

전통적인 상권이 건물, 거리, 유동 인구 등 물리적 요소를 기반으로 형성된다면, 디지털 환경은 플랫폼의 특성, 콘텐츠의 배치, 검색 키워드, 추천 알고리즘 등 데이터 흐름을 중심으로 구축된다.

| 오프라인 상권 vs. 디지털 환경의 이해

병원 마케팅에서는 홈페이지, 블로그, 유튜브, 네이버 플레이스, 인스타그램, 지역 맘카페 등 다양한 채널이 각각의 상권 역할을 하게 된다.

최근 병원을 포함한 대부분의 사업체 경쟁 환경은 오프라인에서 온라인으로 확장되었다.

과거에는 병원이 위치한 오프라인 상권이 중요한 경쟁 요소였다면, 이제는 환자가 디지털 환경에서 어떤 정보를 접하고, 어떤 병원을 선택하느냐가 더 결정적인 역할을 한다.

이러한 변화 속에서 디지털 환경은 병원이 생존하고 성장하기 위해 반드시 주목해야 할 개념이 되었다.

환자가 특정 키워드로 병원을 검색했을 때, 노출되는 콘텐츠는 단순한 정보 전달을 넘어 온라인에서 병원을 대표하는 '입간판' 역할을 하게 된다.

이 첫 노출을 통해 환자는 병원의 전문성, 신뢰도, 진료 분위기 등을 직관적으로 판단하게 되며, 관심을 가지고 정보를 더 찾아볼지, 아니면 다른 병원을 선택할지를 결정하게 된다. 즉, 온라인상의 노출은 병원 선택의 방향을 좌우하는 핵심 접점이자, 디지털상에서 환자 여정의 시작점이 된다.

디지털 환경의 가장 큰 특징은 시공간의 제약이 없다는 점이다.

병원이 위치한 지역이 어디든, 온라인 콘텐츠가 효과적으로 노출되기만 하면 24시간 전국의 환자를 대상으로 유입을 이끌어 낼 수 있다.

또한 모든 활동은 데이터로 저장되기 때문에 유입 경로, 콘텐츠 반응도, 클릭률 등을 실시간으로 분석하고 전략에 반영할 수 있다는 점에서 실무적으로도 강력한 장점을 가진다.

특히 디지털 환경은 노출 위치와 콘텐츠 품질에 따라 경쟁 병원과의 격차가 순식간에 벌어질 수 있는 구조이기 때문에 전통적인 입지 경쟁보다 더 빠르고 민감하게 시장이 반응하며, 검색 결과와 알고리즘이 병원의 가시성과 접근성을 결정짓는 핵심 요소가 된다.
이러한 구조에서는 병원이 어디에 위치하고 있느냐보다 온라인에서 얼마나 자주, 어떻게 노출되느냐가 곧 경쟁력이 될 수 있다.

요약하자면, 디지털 환경은 플랫폼 기반으로 작동하며, 검색과 알고리즘을 통해 환자 유입이 이루어지는 구조를 가진다.
또한 온라인에서의 노출과 반응은 그대로 데이터로 축적되기 때문에, 환자의 행동 패턴을 분석하고 마케팅 전략에 반영할 수 있으며, 이러한 분석 결과는 오프라인 마케팅에도 적용 가능하여, 지역 기반의 진료 전략이나 환자 커뮤니케이션 개선에도 활용할 수 있다.

디지털 환경과 오프라인 상권을 함께 분석하고, AI 기술을 활용한 데이터 기반의 맞춤형 전략을 실행할 때 병원은 치열한 경쟁 속에서도 뚜렷한 차별화를 이룰 수 있기 때문에, 디지털 환경을 제대로 이해하고 구축하는 일은 이제 선택이 아니라, 병원의 지속 성장을 위한 핵심 전략이 되었다.

■ 오프라인 상권과 디지털 환경의 비교

구분	오프라인 상권	디지털 환경
중심 요소	입지, 유동 인구, 간판, 접근성	플랫폼 (네이버, 구글, 유튜브, 인스타그램 등)
고객 유입 방식	유동 인구, 인근 주민	검색 키워드, 추천 알고리즘, SNS 콘텐츠
상권 확장성	지역에 한정	전국, 글로벌까지 확장 가능
영향 요인	건물 위치, 경쟁 병원 유무	콘텐츠 품질, 키워드 전략, 리뷰, 노출 순위
분석 가능성	추정 중심(경험 기반)	정량적 분석 가능 (클릭 수, 유입 경로, 전환율 등)

오프라인 상권 분석

오프라인 상권 분석은 병원 개원 입지를 정할 때뿐만 아니라, 마케팅 전략 수립에도 필수적인 과정이다.

병원 주변의 물리적 환경과 접근성 등을 종합적으로 분석하면, 환자 유입 가능성을 높일 수 있는 보다 현실적인 전략을 도출할 수 있다.

먼저, 병원은 주 진료권과 부진료권을 설정하여 환자 방문 비율을 파악하고, 이를 바탕으로 유동 인구 및 배후 인구 분석을 통해 주요 타깃 환자층을 정의한다.

이 과정은 병원의 핵심 고객층을 세분화하고, 어떤 방향으로 마케팅 자원을 집중할지 결정하는 데 중요한 기준이 된다.

유동 인구 분석은 특정 시간대의 인구 이동 패턴을 파악하여 병원이 목표로 하는 환자층과 실제 오프라인 접점이 일치하는지를 판단하는 데 유용하며, 배후 인구 분석은 주 진료권 내 거주자의 연령, 직업, 소득 수준 등 인구 통계학적 특성을 바탕으로 병원의 핵심 환자층을 구체화하는 데 활용된다.

또한 지역별 소비 패턴과 생활권 특성을 고려하면 진료 과목별로 더

욱 정교한 마케팅 전략을 수립할 수 있으며, 이는 병원의 중장기 운영 방향을 설정하는 데 도움이 된다.

마지막으로 동일 지역 내 경쟁 병원의 특성을 면밀히 분석하여 우리 병원만의 강점과 차별화 포인트를 도출해야 한다.

이러한 분석은 병원의 고유한 전문성과 이미지를 더욱 선명하게 만들어 주며, 지역 내에서 독보적인 브랜드로 자리 잡을 수 있는 방향으로 이어지게 된다.

오프라인 진료권의 분류

진료권은 병원을 중심으로 환자가 실제로 방문하는 생활 반경과 의료 수요가 발생하는 지리적·환경적 범위를 의미한다. 단순히 병원이 위치한 주소지나 행정구역으로 제한되지 않고, 병원의 규모, 진료 과목, 대상 환자의 특성, 주변 환경에 따라 그 범위와 형태는 크게 달라진다.

예를 들어 내과·소아청소년과·이비인후과 같은 일상 진료를 중심으로 하는 의원은 반경 1~2km 내의 생활권을 진료권으로 설정하는 것이 일반적이다. 반면, 특정 질환에 특화된 전문 병원이나 중소 병원은 광역 단위의 환자 유입을 기대할 수 있으며, 대형 종합병원이나 상급 종합병원은 전국에서 환자가 방문하는 전국 진료권을 형성하게 된다. 이처럼 진료권은 병원이 제공하는 진료 서비스의 성격과 환자의 이동 가능성, 주변 상권과의 관계를 모두 고려하여 정의된다.

진료권을 분류하는 이유

병원 마케팅 전략을 효과적으로 설계하기 위해서는, 우선 병원이 놓여 있는 진료 환경을 정확히 파악하는 일이 선행되어야 한다. 진료권을 분류하는 이유는 바로 여기에 있다.

첫째, 병원이 위치한 진료권에 따라 유입이 가능한 환자층이 달라진다. 생활권 중심의 의원은 근거리 환자에 집중해야 하며, 이는 자연스럽게 지역 커뮤니티 중심의 마케팅이나 단골 환자 유치를 위한 전략으로 연결된다. 반면, 광역 또는 전국 단위의 진료권을 가진 병원은 온라인 기반 콘텐츠, 의료 전문성 중심의 브랜딩 전략이 필요하다. 이처럼 진료권의 범위는 곧 타깃 환자의 생활 반경과 이동 동선을 예측하는 기준이 된다.

둘째, 진료권의 형태에 따라 마케팅 메시지와 매체 선택이 달라진다. 유동 인구가 많은 상권에 있는 병원은 외부 간판과 주변 시각 노출이 중요하고, 주거 지역 중심 병원은 장기적 관계 형성과 커뮤니티 기반 홍보가 효과적이다. 오피스 중심의 병원은 점심시간 진료, 퇴근 후 이용 등을 강조해야 하며, 교외형 병원은 목적성 방문 환자를 위한 전문성과 케어 시스템 중심의 정보 전달이 우선시된다.

셋째, 진료권 분류는 병원의 자원을 어디에 집중할 것인지 결정하는 전략적 기준이 된다. 진료권 내 환자 밀집도, 이동 거리, 생활 반경 등을 종합적으로 고려하면, 병원이 투자해야 할 마케팅 예산과 채널, 콘텐츠 방향을 보다 명확하게 설정할 수 있다. 같은 광고 예산이어도 1차 진료권에 집중할 것인지, 광역 상권까지 확장할 것인지에 따라 전략의 성과는 크게 달라진다.

이처럼 진료권 분석은 단순한 분류 작업을 넘어, 병원의 마케팅 방향을 구체화하고 실행 계획을 정하는 데 꼭 필요한 기초 자료로 작용한다. 이어서, 다양한 기준에 따른 진료권의 분류 방식을 살펴보고, 각각의 진료권이 병원의 마케팅 전략에 어떻게 영향을 미치는지 구체적으로 설명하고자 한다.

❶ 진료 목적에 따른 분류

- 입원 진료권

  입원 치료나 수술 후 회복을 요하는 환자들이 주로 거주하는 지역을 말한다.

  장기 치료가 필요한 경우가 많아 병원 선택 시 거리보다 치료 환경과 전문성에 더 민감하게 반응하는 경향이 있다.

- 외래 진료권

  단기 진료, 검진, 상담 등 비교적 짧은 방문을 목적으로 내원하는 환자들이 형성하는 활동 범위다.

  보통은 병원 반경 1~3km 이내에서 형성되며, 병원의 접근성과 가시성이 중요하게 작용한다.

❷ 거리 및 이동 시간 기준 분류

- 직선 거리 기반 분석

  병원을 중심으로 반경 500m, 1km, 3km, 5km 등 일정 반경을 설정하고 해당 지역 내 인구 및 환자 유입 가능성을 파악하는 방식으로 주로 외래 진료권 설정에 적합하다.

- 시간 거리 기반 분석

  대중교통 또는 자가용 기준으로 병원까지의 평균 소요 시간을 측정하여 접근 가능 범위를 설정하는 방식이다. 입원 병원이나 교외형 병원에서 특히 활용도가 높다.

❸ 병원 유형에 따른 진료권 범위

진료권은 병원의 규모, 진료 과목의 특성, 타깃 환자군의 요구에 따라 그 범위와 영향력이 다양하게 설정될 수 있다.

예를 들어, 1차 의료 기관인 의원급 병원은 대부분 생활권 중심의 진료를 수행한다.
근거리 주민을 중심으로 예방 진료, 만성질환 관리, 경증 질환 치료 등 일상적인 의료 수요를 충족시키는 역할을 하며, 진료권 역시 도보 10~15분 이내의 근거리 생활권을 기준으로 한다.

반면, 중소 병원이나 전문 병원은 특정 진료 분야의 전문성을 중심으로 더 넓은 지역의 환자들을 유인할 수 있다.
예를 들어, 정형외과 수술, 척추·관절 전문 클리닉, 고위험 임신센터와 같이 특화된 진료를 제공하는 경우, 환자들은 단순 거리보다는 의료의 질과 결과를 우선순위로 두고 병원을 선택하게 된다.
이 경우 진료권은 자차나 대중교통 기준 30~60분 이내, 때로는 광역 단위까지 확대된다.

마지막으로 대형 종합병원이나 상급 종합병원은 전국 단위 환자를 대상으로 한 전국 진료권을 가진다.
희귀 질환, 고난도 수술, 중증 진료 분야는 병원을 넘어 지역 전체 의료 시스템의 중심축 역할을 하며, 환자 유입도 의료 정보, 언론 보도, 진료 수준에 기반해 전국 단위로 이루어진다.

이처럼 병원의 규모 또는 진료 분야가 전문화되거나 높아질수록, 환자의 이동 반경은 넓어지고 마케팅 전략도 단순한 지역 홍보를 넘어, 질환 중심의 브랜딩과 전문성 콘텐츠를 중심으로 구성될 필요가 있다.

결국 병원의 진료권을 명확히 인식한다는 것은 우리 병원이 어디까지 환자를 끌어들일 수 있는지, 그리고 그 범위 내에서 어떤 마케팅 전략을 펼쳐야 할지를 결정짓는 중요한 기준이 된다.

■ 병원 유형에 따른 진료권

병원 유형	진료권 범위	마케팅 전략 방향
의원	생활권 중심 (반경 1~2km)	지역 밀착형, 근거리 검색 중심
전문 병원	광역권(30~60분 내외)	질환 중심 브랜딩, 콘텐츠 기반 마케팅
종합병원	전국권	브랜드 인지도, 고난도 진료 중심 홍보

❹ 상권 규모에 따른 분류

진료권은 병원이 위치한 상권의 규모에 따라 분류할 수 있다.
단순히 행정구역상의 범위가 아니라, 실제 환자들이 병원을 방문하기 위해 이동하는 거리와 범위, 그리고 병원이 제공하는 의료 서비스의 전문성과 희소성에 따라 결정된다.

가장 넓은 범위는 전국 상권이다. 전국 상권을 대상으로 하는 병원은 상급 병원 외에 특정 분야에서 독보적인 전문성을 갖추었거나, 고난도

시술이나 희귀 질환 치료 등 대체 불가능한 진료를 제공하는 곳이 많다. 이러한 병원은 지역을 불문하고 전국 각지에서 환자들이 찾아오며, 일반적인 병원보다도 강한 브랜딩과 명확한 전문성을 기반으로 환자들의 이동을 유도한다.

다음으로 광역 상권은 대도시나 광역시처럼 인구 밀집 지역을 기반으로 하여, 한 도시권 전체를 아우를 수 있는 상권을 의미한다. 광역 상권을 대상으로 하는 병원들은 여러 진료과를 포괄하거나 특정 분야에 있어 중급 이상의 전문성과 신뢰도를 확보한 곳이 많다. 환자들은 한 시간 이내 거리라면 불편을 감수하고서라도 진료를 받기 위해 방문하는 경향이 있으며, 병원의 규모와 내부 인프라도 이를 뒷받침할 수 있어야 한다.

지역 중심 상권은 하나의 지역 사회, 예컨대 구 단위 혹은 중소 도시 안에서 중심 역할을 하는 상권을 가리킨다. 지역 중심 상권을 대상으로 하는 병원들은 일정 수준의 진료 과목을 갖추고 있으며, 해당 지역 내에서는 대표적인 병원으로 인식되곤 한다. 환자들의 병원 선택이 지역 내 경쟁 병원과의 비교 속에서 이루어지기 때문에, 지역 내 브랜딩과 환자 충성도 확보가 전략의 핵심이 된다.

마지막으로 근린 상권은 병원 주변 반경 500m에서 1km 이내의 생활권을 중심으로 하는 상권을 말한다. 근린 상권을 대상으로 하는 병원은 대부분 소규모 의원급으로, 인근 주민들을 대상으로 한 일상적인 외래 진료에 초점을 맞춘다. 주로 내과, 소아청소년과, 이비인후과, 피부과, 치과, 한의원 등의 병원이 여기에 해당되며, 접근성과 친근함이 핵심 경쟁력이다. 이 경우 마케팅의 핵심은 광고보다는 '노출'과 '반복 접촉', 그리고 서비스 품질을 기반으로 한 입소문 형성이 중심이 된다.

이처럼 병원이 대상으로 하는 상권의 규모에 따라 병원의 규모와 특징이 달라지며, 병원이 어떤 환자를 대상으로 어떤 메시지를 전달할 것인지도 그에 따라 달라진다. 따라서 병원 마케팅 전략을 수립할 때는 단순히 진료 과목만을 기준으로 하는 것이 아니라, 병원이 위치한 상권의 특성과 범위를 명확히 이해하는 것이 무엇보다 중요하다. 이러한 이해는 타깃 환자층의 생활 반경과 동선을 예측하고, 보다 효율적인 광고 채널과 메시지 전략을 설계하는 데에도 도움이 된다.

■ 상권 규모에 따른 진료권

	상권 분류	범위 및 특징	주요 진료 형태	마케팅 전략 포인트
1	전국 상권	전국 단위, 특정 전문 분야에 특화되어 전국 각지에서 방문	고난도 수술, 희귀 질환 등 고급 전문 진료	강한 브랜딩, 전국 단위 콘텐츠 및 홍보
2	광역 상권	대도시 또는 광역시 중심, 다양한 진료과를 포괄	중급 이상의 진료 수준 및 다양한 과목 운영	중간-상급 브랜딩, SNS/검색 광고 병행
3	지역 중심 상권	중소 도시나 구 단위 중심 병원, 지역 주민 대상	기본 진료 중심, 지역 대표 병원 포지셔닝	지역 밀착형 마케팅, 충성도 높은 고객 관리
4	근린 상권	병원 반경 500m~1km 생활권, 인근 주민 대상	일반 외래 진료(내과, 소아청소년과, 이비인후과, 치과, 한의원)	노출 중심 마케팅, 입소문과 접근성 강화

자료 참조: 시장경영진흥원(2010), 전통시장 및 점포경영 실태조사
자료: 이영주, 임은선(2011), 《서민경제 안정을 위한 지역상권 활성화 방안 연구》, 국토연구원

⑤ 환자 밀집도에 따른 진료권

진료권을 설정할 때는 단순히 병원의 위치만이 아니라, 실제 환자들이 어느 정도 거리까지 이동하여 병원을 방문하는지를 파악하는 것도 중요하다. 이때 활용되는 대표적인 기준이 '반경 거리별 환자 밀집도'다.

병원을 중심으로 반경 500m 이내는 보통 1차 진료권이라 하며, 전체 환자의 약 60~70%가 이 범위 안에 거주하거나 활동하는 주 이용자층에 해당한다. 이 범위의 환자들은 접근성과 편의성을 가장 중시하며, 병원 선택 시 반복 방문이 용이한 곳을 선호한다.

2차 진료권은 병원 반경 1km 이내를 기준으로 하며, 이곳에서 유입되는 환자는 전체의 약 20~30% 정도를 차지한다. 2차 진료권의 환자들은 교통 여건이나 병원의 특화 진료 여부에 따라 병원을 찾는 경우가 많아, 해당 진료권을 대상으로 한 마케팅은 비교 우위 전략이 효과적이다.

마지막으로 3차 진료권은 반경 1km를 초과하는 지역으로, 이 지역에서 유입되는 환자는 전체의 약 10% 이하로 비교적 적다. 하지만 이들은 특정 진료나 명성 있는 의료진, 특수 프로그램 등의 이유로 병원을 찾는 경우가 많아, 브랜딩과 전문성 홍보가 관건이 된다.

이처럼 반경과 유입 비율에 따라 진료권을 1차, 2차, 3차로 구분하면, 마케팅 전략을 보다 구체적으로 설계할 수 있으며, 자원을 집중해야 할 핵심 영역도 명확해진다.

■ 환자 밀집도에 따른 진료권

구분	반경 거리	환자 이용 비율	특성
1차 진료권	병원 반경 500m 이내	약 60~70%	주 이용자, 핵심 타깃층
2차 진료권	반경 1km 이내	약 20~30%	보조 타깃층
3차 진료권	반경 1km 초과	약 10% 이하	잠재 환자군

❻ 주변 환경 특성에 따른 진료권

병원이 위치한 주변 환경의 특성에 따라 환자의 유입 방식과 병원을 찾는 이유도 달라진다. 따라서 마케팅 전략을 수립할 때는 병원이 위치한 환경 유형을 기준으로 진료권을 구분해 접근하는 것도 효과적이다.

유동 인구 중심 상권

유동 인구 중심 상권은 역세권, 번화가, 쇼핑몰 주변과 같이 사람들이 많이 오가는 곳에 위치한 병원에 해당된다. 이 경우 병원에 우연히 노출되는 비율이 높기 때문에 간판, 외부 이미지, 이벤트성 홍보가 중요한 마케팅 요소가 된다.

주거 중심 상권

반면, 주거 중심 상권은 아파트 단지나 주택가 인근에 있는 병원으로, 장기적인 관계 형성과 신뢰 기반의 마케팅이 중요하다. 이 경우 가족 단위의 반복 방문이 많기 때문에 친밀감 있는 콘텐츠와 커뮤니티 중심의 활동이 효과적이다.

오피스 중심 상권

오피스 중심 상권은 사무실 밀집 지역이나 도심 상업 지구에 있는 병원으로, 점심시간이나 퇴근 후에 짧은 시간 동안 이용하려는 직장인 환자가 많다. 이때는 시간 절약형 진료, 빠른 예약, 점심시간 운영 등의 편의 요소를 강조하는 마케팅이 효과적이다.

교외형 상권

마지막으로, 교외형 상권은 외곽에 위치한 병원이나 요양 병원 등 접근성이 떨어지는 대신 목적성 방문이 뚜렷한 병원에 해당된다. 이 경우 진료 전문성, 프로그램 내용, 케어 시스템 등을 중심으로 한 신뢰 구축형 마케팅이 필요하다.

이처럼 병원이 위치한 환경의 속성에 따라 진료권의 성격이 달라지므로, 마케팅 전략 역시 환경에 맞춰 정밀하게 설계되어야 한다.

■ 주변 환경 특성에 따른 진료권

환경 유형	설명	마케팅 포인트
유동 인구 중심	역세권, 번화가, 쇼핑몰 등 유동 인구가 많은 지역	간판, 외부 이미지, 이벤트성 홍보 강화
주거 중심	아파트 단지나 주택가 인근, 가족 단위 환자 중심	커뮤니티 활동, 친밀감 있는 콘텐츠 강조
오피스 중심	사무실 밀집 지역, 도심 상업 지구, 직장인 환자 중심	빠른 예약, 점심시간 운영 등 편의성 강조
교외형 진료권	외곽 지역, 요양 병원 등 목적성 방문 환자 중심	전문성, 프로그램, 케어 시스템 중심 신뢰 마케팅

오프라인 상권의 분석 방법

오프라인 상권의 분석은 병원의 입지 분석과 마케팅 전략 수립의 기반이 되는 작업이다.

이 분석은 1차 데이터 조사와 2차 현장 조사, 그리고 이를 바탕으로 한 시장 조사 실전 적용이라는 세 가지 단계로 이루어지며, 각 단계는 병원의 전략적 방향 설정에 필수적인 역할을 수행한다.

1. 1차 데이터 조사 – 상권 분석 프로그램을 통한 정량 분석

1차 데이터 조사는 공공 데이터 및 상권 분석 솔루션을 기반으로 해당 지역의 인구 구조, 주거 유형, 소비 성향, 유동 인구, 경쟁 병원 현황 등을 수치화해 분석하는 단계다.

주로 소상공인시장진흥공단이나 민간 금융사·리서치 회사에서 제공하는 상권 분석 플랫폼을 활용하며, 대부분 무료로 이용 가능하나 세부 기능에 따라 유료 서비스가 병행되기도 한다.

데이터의 주요 분석 항목은 다음과 같다.

- 정확한 인구 및 지역 통계 파악
: 거주 인구수, 연령별 구성비, 주거 형태, 주변 기반 시설, 유동 인구 등

- 카드 매출 기반 경쟁 병원 분석
: 인근 병원의 매출 수준과 방문 패턴 추정 가능

- 실시간 데이터 반영
: 트렌드 변화를 민감하게 반영해 마케팅 방향 조정에 유리

- 신뢰성 높은 공공 데이터 활용
: 객관적이고 검증된 수치를 기반으로 전략 설계 가능

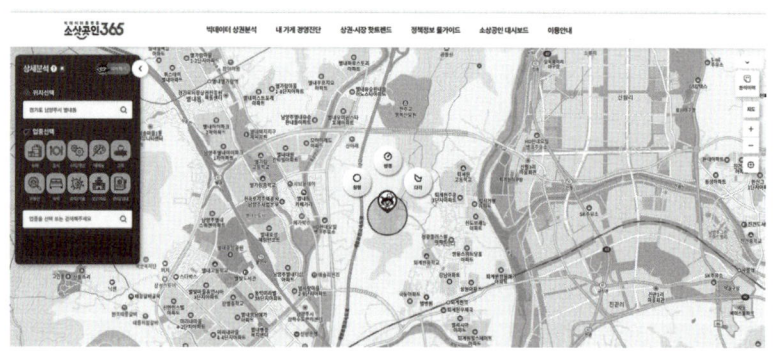

빅데이터 상권 분석 프로그램

이 장에서는 소상공인시장진흥공단에서 제공하는 빅데이터 상권 분석 서비스를 중심으로 병원 환경 분석에 어떻게 활용할 수 있는지를 설명하고자 한다.

병원의 입지 전략 수립과 마케팅 방향 설정에 있어 기초적이면서도 중요한 작업은 상권 분석이다. 그중에서도 오프라인 상권을 정량적으로

분석할 수 있는 도구로는 '빅데이터 상권 분석 서비스'가 대표적이다.

이 서비스는 중소벤처기업부 산하 소상공인시장진흥공단이 운영하는 공공 데이터 기반의 분석 플랫폼으로, 병원을 포함한 다양한 업종의 입지 타당성 검토 및 경쟁 환경 분석에 유용하게 활용된다. 특히 병원처럼 인근 상권의 인구 특성과 소비 행동이 진료 수요에 직접적인 영향을 미치는 업종에서는, 사전에 확보할 수 있는 정량 정보가 전략의 방향을 결정짓는 데 큰 도움이 된다.

2. 분석 절차 및 활용 방법

빅데이터 상권 분석 서비스를 통한 병원 환경 분석은 다음과 같은 흐름으로 진행한다.

❶ 상권 범위 설정

병원을 새롭게 개원하거나 현재 운영 중인 병원의 마케팅 거점으로 삼고자 하는 지역을 중심으로 반경(예: 500m, 1km 등)을 설정한다. 이 반경은 도보 접근성, 교통편, 유동 인구 흐름 등을 감안하여 선택할 수 있다.

❷ 상권 개요 확인

설정된 상권 내 거주 인구수, 연령별 인구 구성, 주거 형태(아파트, 단독 주택, 오피스텔 등), 일평균 유동 인구 수 등을 확인한다. 이를 통해 해당 지역의 주 타깃층 연령대와 생활 패턴을 유추할 수 있다.

❸ **업종별 상권 분석**

병원과 동일 업종(의원, 치과, 한의원 등)의 수, 연평균 매출 추정치, 월별 매출 추이 등을 확인한다. 이 데이터를 통해 경쟁 병원의 포화도, 매출 편차, 계절성 진료 특성을 비교할 수 있다.

❹ **소비 및 매출 데이터 분석**

카드사 매출 기반의 업종별 소비 규모, 방문 고객의 연령/성별 분포 등을 분석할 수 있다. 이는 병원 선택의 실제 행동 데이터를 간접적으로 파악하는 데 유용하다.

❺ **생활 밀착 시설 파악**

인근에 위치한 학교, 유치원, 공공 기관, 대형 마트, 약국 등 생활 밀착 시설의 분포를 확인하여 시너지 효과가 가능한 제휴 파트너 또는 접근성의 장점을 찾을 수 있다.

■ **빅데이터 상권 분석 서비스를 활용한 실전 활용 포인트**

항목	분석 포인트 예시	마케팅 연결 전략
인구 통계 및 연령별 구성	특정 연령대 집중 지역	타깃 맞춤 콘텐츠 및 검색 키워드 전략 설계
경쟁 병원 매출 및 분포	매출 상위 병원 위치 및 밀집도 확인	광고/블로그 노출 위치 조정, 차별화 전략 구상
카드 매출 및 소비 유형	특정 시간대 방문객 소비 패턴	예약 집중 시간 조정, 오프라인 이벤트 전략 수립
생활 기반 시설 분포	약국, 마트, 어린이집 등과의 거리	제휴 마케팅 가능성 탐색 및 유입 시너지 확보

▼ 상권 분석이 완료되면 다음과 같은 상권 분석 리포트를 보고서 형식으로 다운로드할 수 있다.

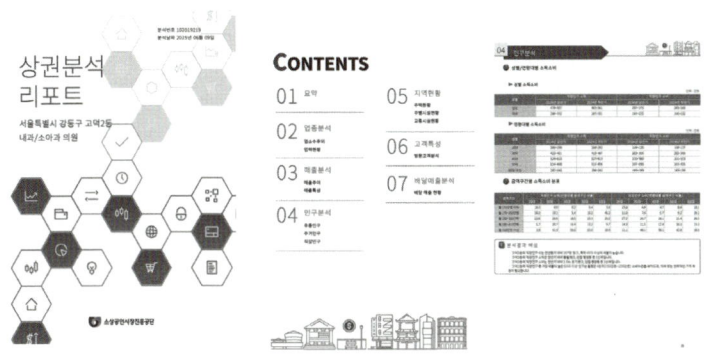

상권 분석 리포트

이처럼 빅데이터 상권 분석 서비스는 단순한 통계 열람을 넘어, 병원의 마케팅 전략과 실질적인 유입 경로 설계까지 연결할 수 있는 기초 자료 역할을 한다. 특히 병원이 초기 단계에 개원 전략을 수립하거나, 마케팅 지역을 재조정하고자 할 때 가장 객관적이고 신뢰도 높은 분석 도구로 적극 활용할 수 있다.

3. 2차 현장 조사

아무리 수치와 그래프가 정교해도, 실제로 현장을 걸어 보는 것만큼 직관적으로 와닿는 분석은 없다.

2차 현장 조사는 단순한 '방문'이 아니라, 우리 병원의 입지가 환자에게 어떤 경험을 줄 수 있는지를 직접 체감하고 파악하는 과정이다.

지도에서 '좋아 보이던 자리'가 막상 가 보면 찾기 힘들거나, 접근이 불편한 경우도 있다. 반대로 수치상 불리해 보였던 입지가 현장에서 보면 주변에서 눈에 띄는 위치에 있고, 유동 인구의 흐름이 자연스럽게 병원 쪽으로 향하는 곳일 수도 있다.

또한, 경쟁 병원이 어떤 간판을 사용하고 있는지, 간판은 잘 보이는지, 내부 분위기는 어떤지, 환자가 앉아 있는 대기실의 분위기는 어떤지 같은 것들은 수치로 파악할 수 없는 정성적 데이터다.

이런 디테일을 직접 보고 느끼지 않고 데이터만을 가지고 전략을 세운다면, 병원의 방향성을 잘못 잡을 수 있다.

특히 중요한 것은, 우리 병원의 입지가 '환자 입장에서 어떤 의미로 다가올 수 있는가'를 끝까지 관찰하는 것이다. 병원의 동선은 불편하지 않은지, 주차 공간은 충분한지, 주변에서 함께 이용할 수 있는 편의 시설은 무엇인지, 대중교통 접근성은 어떠한지, 이 모든 요소가 결국 병원의 이미지로 연결된다.

- 정량적 데이터(Quantitative Data): 숫자와 통계로 표현되는 데이터를 말한다. 객관적이고 측정 가능하며, 수치화되어 분석이 용이하다.

- 정성적 데이터(Qualitative Data): 수치화하기 어려운 환자의 행동, 태도, 감정, 인식 등을 포함하는 비정량적인 데이터를 말한다. 서술형으로 표현되며, 맥락과 의미를 이해하는 데 중요하다.

AI를 활용한 상권 분석 데이터 해석과 전략 수립

　빅데이터 상권 분석 서비스를 통해 제공되는 보고서는 병원이 위치한 지역의 인구 구성, 소비 성향, 경쟁 병원 현황 등 다양한 데이터를 담고 있다. 표와 수치로 정리된 자료를 통해 상권의 전반적인 구조를 파악하는 데는 큰 도움이 되지만, 마케팅이나 전략 수립에 익숙하지 않은 경우에는 이러한 데이터를 실제 상황에 맞게 해석하고 적용하는 데 어려움을 느낄 수 있다.

　데이터를 통해 30~40대 인구 비율이 높다는 사실을 알게 되더라도 그 연령대에 맞는 진료 콘텐츠는 어떤 방식으로 구성해야 할지, 어떤 플랫폼에서 어떤 키워드를 중심으로 광고를 집행해야 할지 등의 실질적인 실행 전략을 도출하기는 쉽지 않다.

　이럴 때 AI를 활용하면 데이터 기반의 인사이트를 쉽게 정리하고, 타깃 설정부터 콘텐츠 방향, 광고 전략까지 보다 구체적인 실행안으로 확장할 수 있다. 사용자는 단지 '무엇을 알고 싶은지'만 명확히 정리하면 되고, AI는 수치와 흐름을 분석해 그에 맞는 전략을 제시해 주는 조력자 역할을 한다.

AI에게 어떻게 요청할 것인가?

다음은 빅데이터 상권 분석 리포트를 바탕으로 AI에게 효과적으로 분석을 요청하는 프롬프트 예시이다.(ChatGPT 기준)

AI에게 분석을 요청할 경우 상권 분석 리포트를 첨부한 후 요청 내용을 작성하여 요청한다.

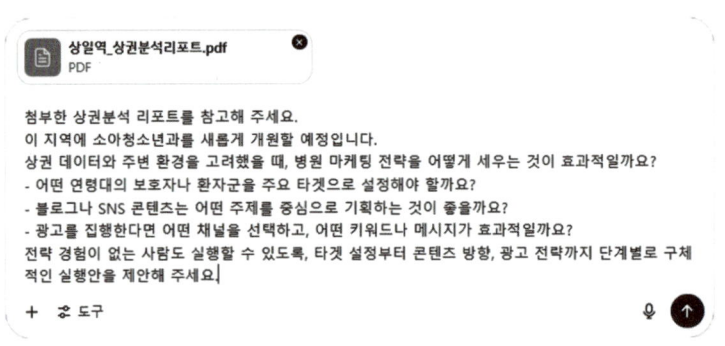

상권 분석 데이터 요청 예시

Prompt
첨부한 상권 분석 리포트를 참고해 주세요.

> **포괄적인 질문**

이 지역에 소아청소년과를 새롭게 개원할 예정입니다.

상권 분석 데이터와 주변 환경을 고려했을 때, 병원 마케팅 전략을 어떻게 세우는 것이 효과적일까요?

세부적인 질문

- 어떤 연령대의 보호자나 환자군을 주요 타깃으로 설정해야 할까요?
- 블로그나 SNS 콘텐츠는 어떤 주제를 중심으로 기획하는 것이 좋을까요?
- 광고를 집행한다면 어떤 채널을 선택하고, 어떤 키워드나 메시지가 효과적일까요?

해결 방안 요청

전략 경험이 없는 사람도 실행할 수 있도록, 타깃 설정부터 콘텐츠 방향, 광고 전략까지 단계별로 구체적인 실행안을 제안해 주세요.

질문에 대한 AI 답변 예시(ChatGPT 기준)

❶ 주요 타깃 설정

▼ 핵심 타깃: 30~40대 여성 보호자(특히 워킹맘)
- 해당 지역의 유동 인구는 30대와 40대가 가장 많고, 주거 인구도 40대 비중이 가장 높음
- 지역 매출 비중에서도 40대가 소비의 중심층으로 나타남
- 특히 평일 오후~저녁 시간대 유동 인구가 집중되며, 아이들 하원 후 병원 이용 가능성이 높음

❷ 콘텐츠 방향

▼ 블로그 콘텐츠(정보형)
- '초등학생 예방 접종 체크 리스트'
- '겨울철 소아 감기, 열 대처법'
- '성장판 자극하는 생활 습관'
- '진료 후기+원장 상담 스토리형 콘텐츠'

▼ SNS 콘텐츠(공감형/짧은 영상형)
- '소아청소년과에서 자주 듣는 보호자 질문 TOP 5'
- '아이 열날 때 당황하지 않기'
- '성장기 아이 키우는 꿀팁 리얼 타임 영상'
- 카드 뉴스 형태로 "이럴 땐 병원 가야 하나요?" 시리즈 운영

❸ 광고 전략

▼ 광고 채널
- 네이버 검색 광고+스마트 채널: '소아청소년과+상일동'/'강동구 소아청소년과'
- 인스타그램/페이스북 리치 광고: 30~40대 여성 타깃
- 지역 맘카페 제휴 광고: 소규모 후기 이벤트 연계

▼ 핵심 키워드
- '상일동 소아청소년과 추천'

- '강동구 예방 접종 잘하는 병원'
- '소아청소년과 열감기 진료 빠른 곳'
- '강동구 성장 클리닉'

▼ 광고 메시지 예시

- '소아청소년 전문의가 진료하는 병원, 상일역 ○○소아청소년과'
- '예약부터 진료까지 30분, 워킹맘을 위한 시간 절약 진료'
- '아이가 편안해하는 병원, 우리 동네 첫 소아청소년과'

❹ 추가 실행 제안

▼ 타이밍 전략

- 화목 오후 2시, 6시: 유동 인구 집중 시간 > 블로그/SNS 업로드 시간 추천
- 목요일 저녁 or 주말 오전: 콘텐츠 공유 확산에 유리한 시간대

▼ 입소문 전략

- 맘카페 후기 이벤트 운영
- 리뷰 콘텐츠 SNS 업로드 독려

▼ 상권 특성 대응

- 해당 지역은 주거 밀집형+직장인 유입 혼합 지역
- 따라서 주중 저녁 진료, 빠른 예약, 어린이 친화적 공간 구성도 마케팅 메시지에 포함 필요

디지털 환경 분석 – 디지털 시대의 핵심 주체

병원 마케팅에서 온라인은 이제 선택이 아니라, 생존의 전제 조건이다.

환자는 병원의 문턱을 넘기 전에 이미 검색, 콘텐츠, 리뷰 등 다양한 온라인 경로를 통해 병원을 '선택'하고 '평가'하게 된다.

따라서 우리 병원이 온라인상에서 어떻게 노출되고 있으며, 어떤 모습으로 인식되고 있는지를 분석하는 일은 마케팅 전략의 또 다른 관점이자, 병원의 현실적인 경쟁력을 진단하는 판단 기준이 된다.

이제 병원 마케팅은 단순히 콘텐츠를 많이 노출시키는 것만으로는 충분하지 않다.

환자가 병원을 '어디서' 인지하고 '어떻게' 선택하는가를 이해하기 위해서는 기존의 오프라인 상권 개념을 넘어, 디지털 환경이라는 새로운 관점을 가져야 한다.

디지털 환경 분석에서는 세 가지 핵심 주체가 중심이 된다.

디지털 환경의 3가지 구성 요소

❶ '우리 병원'

　디지털 환경 분석의 첫 번째 핵심은 우리 병원이 온라인에서 어떻게 보이고 있는가를 객관적으로 진단하는 것이다. 우리 병원이 운영하는 온라인 채널은 단순한 홍보 수단이 아니라, 첫인상을 결정짓는 디지털 간판이라는 점을 반드시 인식해야 한다.

　콘텐츠는 병원의 진료 특성과 강점을 잘 반영하고 있어야 하며, 일관된 톤앤매너와 브랜드 이미지로 신뢰를 줄 수 있어야 한다.

　또한 주요 키워드에서 병원이 자연스럽게 검색되고 있는지, 리뷰나 평판이 긍정적인 흐름을 보이고 있는지를 지속적으로 점검하고 관리해야 한다.

　온라인 채널의 완성도와 디지털 환경에서의 병원 노출 상태는 환자의 선택에 직접적인 영향을 미친다.

❷ '경쟁 병원'

　경쟁 병원의 온라인 활동은 우리 병원이 어떤 방향으로 차별화해야 할지를 정립하는 데 중요한 기준이 된다.
　콘텐츠 구성, 키워드 전략, 운영 채널의 집중도, 리뷰 관리 방식 등을 통해 그들의 마케팅 전략을 유추할 수 있고, 이를 바탕으로 우리가 보완해야 하거나 비워진 틈을 채울 수 있는 전략을 설계할 수 있다.
　경쟁 병원을 단순히 따라 하는 것이 아니라, 그들과의 차이를 명확히 하여 우리 병원만의 브랜딩을 확립하는 것이 핵심이다.

❸ '환자'

　환자는 단순히 가까운 병원이 아니라, 검색 결과와 콘텐츠를 통해 신뢰할 수 있는 병원을 선택한다.
　의학적 용어보다 생활 언어와 감성 키워드로 병원을 찾고, 정보의 신뢰도와 접근성을 종합해 판단한다.
　또한 의도적 검색뿐 아니라 SNS, 유튜브 등에서의 우연한 노출도 선택에 영향을 미치며, 치료 경험은 리뷰와 커뮤니티를 통해 콘텐츠로 확산되기 때문에, 병원은 환자의 여정을 기반으로 마케팅 전략을 역설계해야 한다.

　이 세 가지를 오프라인, 온라인과 같이 종합적으로 분석하는 것이 디지털 환경 분석의 핵심이다.
　곧 온라인이라는 가상 공간에서 우리 병원이 어떤 위치에 있으며, 어떤 경쟁력을 갖추고 있는지를 진단하는 과정이기도 하다.

검색 노출 상태, 콘텐츠 품질, 리뷰의 질과 양, 키워드 대응 수준 등 다양한 디지털 지표는 곧 환자들의 무의식 속에서 형성된 병원의 이미지로 연결된다.

이 장을 통해 우리는 '어떻게 보이고 있는가'라는 질문에서 출발해, '어떻게 보일 것인가'라는 전략적 과제로 나아가는 길을 함께 설계하게 될 것이다.

우리 병원의 디지털 브랜딩과 키워드 전략 분석

디지털 마케팅 시대에서 병원의 첫인상은 오프라인 간판이 아니라 온라인 공간에서 결정된다.

디지털 환경 분석의 출발점은, 검색창에 우리 병원의 이름을 입력했을 때 환자에게 어떤 정보가 보이는지, 그리고 그 정보가 어떤 이미지로 인식되는지를 객관적으로 진단하는 것이다.

오프라인에서 간판이 병원의 존재를 알리는 기본 수단이듯, 온라인에서도 그것을 대신할 디지털 간판이 반드시 필요하다.

홈페이지, 네이버 플레이스, 블로그, 카카오맵, 구글 지도, SNS 등 다양한 플랫폼에 등록된 정보가 디지털 간판의 역할을 대신한다.

물론 여전히 오프라인 간판을 보고 병원을 찾는 환자도 존재하지만, 이제는 병원을 처음 인식하는 접점이 온라인으로 빠르게 이동하고 있다. 디지털 공간에 노출된 검색 결과와 병원 정보는 오프라인 간판만큼 중요한 역할을 하며, 이제는 그 영향력이 더 앞서는 경우도 점점 많아지고 있다.

하지만 여전히 많은 병원이 이 기본적인 디지털 플랫폼을 구축하거나 관리하는 데 소홀하다.

일부 플랫폼에서는 병원이 자동으로 등록되기도 하지만, 이를 능동적으로 관리하고 채워 나가는 노력 없이 방치되는 경우가 적지 않으며, 때로는 병원이 검색조차 되지 않거나, 심지어 유사한 이름의 타 병원이 먼저 검색되는 경우도 발생한다.

❶ 디지털 채널 구축 현황 진단

디지털 환경에서 병원이 존재감을 가지기 위해서는 기본적인 채널 구축이 반드시 필요하다.

홈페이지, 블로그, 네이버 플레이스, 카카오맵, 구글 지도와 같은 플랫폼 등록은 이제 선택이 아닌, 병원을 운영한다면 갖추어야 할 기본 요건이라 할 수 있다.

홈페이지는 최신 정보가 반영되어 있어야 하고, 모바일에서도 문제없이 접근할 수 있어야 한다. 주요 진료 과목, 진료 시간, 예약 방법 등 핵심 정보는 누구나 쉽게 찾을 수 있어야 하며, 환자가 느끼기에 '신뢰할 수 있는 병원'이라는 첫인상을 심어 줄 수 있어야 한다.

특히 AI 기반 검색 환경이 활성화되면서, 홈페이지는 단순한 정보 제공의 수단을 넘어 디지털 공간에서 병원의 신뢰도를 결정짓는 핵심 채널로 자리 잡고 있다.

AI는 구조화된 공식 정보를 우선적으로 수집하고 인용하기 때문에, 잘 정리된 홈페이지는 검색 결과에서 병원의 존재를 명확하게 드러내고, 환자에게 가장 먼저 노출되는 '디지털 간판'이 된다.

즉, 블로그나 SNS가 병원의 분위기와 일상을 보여 주는 채널이라면, 홈페이지는 병원의 전문성과 신뢰도를 보여 주는 가장 중심이 되는 디지털 공간이라 할 수 있다.

블로그는 병원의 이야기를 친근하게 전달하면서도, 전문적인 내용을 환자 눈높이에 맞춰 풀어내는 중요한 콘텐츠 채널이다.

주기적인 콘텐츠 업로드와 진료 키워드를 반영한 글쓰기는 환자에게 신뢰를 구축하는 중요한 수단이 된다. 블로그가 방치되어 있거나, 오래된 정보만이 그대로 남아 있다면 오히려 병원의 신뢰도에 악영향을 미칠 수 있다.

하지만 최근 의료 광고에 대한 유권 해석이 강화되면서, 블로그 콘텐츠 역시 광고로 간주되는 범위가 넓어졌고, 홍보성 글에 대한 제재도 더욱 강화되었다. 이에 따라 블로그 운영 시 단순 홍보가 아닌 정보 중심의 콘텐츠 작성이 요구되며, 그만큼 더 많은 시간과 고민이 필요하게 되었다.

네이버 플레이스, 카카오맵, 구글 지도 등록은 병원 마케팅에서 이제는 반드시 챙겨야 하는 필수 과정이 되었다.

특히, 로컬 병원에 최적화되어 있으며, 단순한 위치 정보 제공을 넘어, 병원에 대한 첫인상을 결정짓는 중요한 접점으로 작용하며, 검색 결과의 상단 노출과도 직접적으로 연결된다.

병원의 위치, 진료 시간, 휴진 안내, 주차 가능 여부, 대표 사진, 내부 전경 등은 항상 최신 정보로 유지되어야 하며, 정보가 누락되거나 부정확할 경우 환자의 혼란과 이탈로 이어질 수 있다.

특히 모바일 기반의 검색이 일상화된 지금, 환자들은 지도 앱에서 바로 병원을 검색하고, 위치를 확인하고, 예약까지 진행하는 흐름에 익숙해져 있다.

최근에는 '네이버 플레이스 마케팅'이라는 말이 생겨날 정도로 지도 서비스 내 마케팅 기능이 고도화되고 있으며 그 활용도 또한 높아지고 있다.

지도 등록만으로 끝나는 것이 아니라, 실시간 예약 연동, 스마트콜(전화 연결), 실시간 상담 톡톡, 리뷰 관리, 프로모션 배너 등록, 운영 시간 변경 알림 등 다양한 기능을 통해 병원 운영과 마케팅을 실질적으로 연결할 수 있다.

무엇보다도 지도 서비스는 검색 기반 광고와 자연스럽게 연결되기 때문에, 병원 블로그나 홈페이지보다 더 빠르게 환자의 행동 전환(방문, 예약)으로 이어질 수 있는 강력한 유입 채널이 되었다.

따라서 병원이 디지털 공간에서 존재감을 갖추기 위해서는 각 매체에서 제공하는 지도 서비스의 정보 관리와 활용 전략이 반드시 포함되어야 하며, 이는 곧 사용자의 접근성과 신뢰도를 높이는 데 중요한 역할을 하며, 병원의 선택 가능성을 높이는 요인으로 작용한다.

❷ **검색 키워드 노출 상태 점검**

병원명을 검색했을 때 어떤 정보가 노출되는지를 확인하는 것은, 온라인에서 병원이 어떻게 인식되고 있는지를 판단하는 가장 기초적인 점검 단계다.

공식 홈페이지가 상단에 노출되는지, 네이버 플레이스나 지도 정보는 정확히 연결되어 있는지, 리뷰와 평점은 어떤지 등을 통해 환자들이 병원을 어떻게 받아들이고 있는지 가늠할 수 있다.

이처럼 검색 결과는 단순한 정보 확인을 넘어, 우리 병원이 온라인에서 어떤 병원들과 경쟁하고 있는지를 보여 주는 중요한 단서가 된다.

특히 '진료 과목'이나 '진료명'과 같은 핵심 키워드 영역에서는, 지역 병원이 상위에 노출되기란 결코 쉽지 않다.

이는 포털 알고리즘 구조상, 이미 검색 점유율이 높은 대형 병원이나 광고에 많은 예산을 투입한 병원에게 유리한 구조이기 때문이다.

지역 병원이 이들과 같은 키워드에서 직접 경쟁하려 한다면, 상당한 예산과 고도의 운영 노하우가 필요하며, 그에 비해 효율은 기대에 미치지 못하는 경우가 많다. 따라서 보다 현실적인 대안이 필요하다.

'지역명+진료 과목' 혹은 '지역명+증상'과 같은 2차 키워드를 전략적으로 활용하면, 경쟁 강도를 낮추면서도 실제 환자 유입의 효과를 낼 수 있다.

이러한 조합 키워드는 실제 환자들이 검색할 때 사용하는 자연스러운 문장 형태와 유사해, 검색 의도가 뚜렷하고 전환율이 높은 유입을 기대할 수 있다.

즉, 지역 병원이라면 전국 단위의 키워드 경쟁에 무리하게 뛰어들기보다는, 지역 타깃에 특화된 키워드 전략을 통해 제한된 예산 안에서 마케팅 효율을 극대화하는 것이 훨씬 현실적이고 효과적인 접근이다.

노출의 양보다 중요한 것은, 실제 환자에게 도달하는 빈도와 예약이나 방문으로 이어지는 전환율이다.

병원은 키워드 전략을 무조건 상위 노출 중심으로 설정하기보다, 예산과 인력 같은 현실적인 여건 안에서 환자가 어떤 경로로 병원을 검색하고 선택하는지를 분석하고 그 흐름에 맞춰 노출 전략을 조정하는 것이 마케팅 성과를 높이는 데 더 효과적이다.

❸ 콘텐츠 품질과 메시지 일관성

디지털 공간에서 병원의 콘텐츠는 단순한 홍보 자료가 아니다. 환자가 병원을 신뢰하고 선택하는 데 있어 결정적인 역할을 한다.

홈페이지나 블로그의 콘텐츠는 최신 의료 트렌드와 환자의 기대를 반영해야 한다.
진료 과목별로 구체적이고 친절한 설명이 필요하며, 환자의 불안감을 덜어 주고 신뢰를 줄 수 있는 언어를 사용해야 한다.
또한 모든 콘텐츠는 하나의 일관된 톤앤매너를 가져야 한다.

전문성을 강조할지, 친밀함을 앞세울지에 대한 방향을 명확히 정하고, 병원의 브랜드 이미지와 자연스럽게 일치하도록 메시지를 설계해야 한다. 환자가 느끼는 '병원의 느낌'은 바로 이 작은 일관성의 축적에서 만들어진다.

❹ 리뷰와 환자 반응 관리

환자 리뷰는 디지털 공간에서 병원 선택에 많은 영향을 미치는 요소 중 하나이며, 별점, 리뷰 수, 자주 언급되는 키워드 모두가 병원의 이미지를 형성하는 데 직접적으로 작용한다.

'친절하다', '설명이 자세하다', '대기가 짧다', '시설이 깔끔하다'와 같은 긍정적인 키워드는 병원의 강점을 부각시키는 요소가 되고, 반대로 '대기가 길다', '예약이 어렵다', '응대가 불친절하다' 등의 부정적 표현은 환자 이탈의 결정적인 요인이 될 수 있다.

리뷰 수가 너무 적거나 평점이 낮은 경우, 혹은 부정적인 리뷰가 방치되어 있는 상황은 환자의 신뢰를 떨어뜨린다.
따라서 리뷰는 수시로 확인하고, 가능한 한 빠르고 성실한 답변으로 대응하는 것이 중요하다. 이는 단순히 평판을 관리하는 것이 아니라, 병원이 환자와 꾸준히 소통하고 있다는 신뢰를 쌓는 과정이기도 하다.

다만 〈의료법〉상 환자의 후기나 경험담은 불법에 해당하며, 병원이 이를 고의로 유도하거나 활용할 경우 법적 제재를 받을 수 있다.
특히 병원이 자체적으로 후기를 모으거나 체험단을 운영해 게시물을 유도하는 행위는 엄격히 금지된다.

현재 온라인에서 환자의 자발적인 평가가 가능한 공간은 네이버 플레이스, 카카오맵, 구글 지도, 지역 커뮤니티 댓글 등 일부로 제한된다.

이러한 특수성을 고려하여, 병원은 환자의 리뷰를 직접적으로 유도하기보다는 환자가 자발적으로 좋은 평가를 남기고 싶을 만큼의 좋은 경험을 제공하는 것에 집중해야 한다.

신뢰는 만들어 내는 것이 아니라, 경험 속에서 자연스럽게 쌓여 가는 것이다.

❺ 진료 시스템과 서비스 특성 노출

온라인 공간은 병원의 운영 방식과 진료 철학을 자연스럽게 드러낼 수 있는 중요한 창구이다. 홈페이지, 블로그, 네이버 플레이스와 같은 채널을 통해 병원은 자신만의 진료 시스템과 서비스 특징을 명확하게 알릴 수 있어야 한다.

- 온라인 예약 시스템 운영 여부
- 카카오톡이나 문자 상담 가능 여부
- 야간 진료 또는 주말 진료 가능 여부
- 여성·소아·비만 등 특정 대상에 특화된 클리닉 운영 여부
- 시즌별 검사 패키지, 건강 이벤트 등 특화 상품 구성

이러한 정보가 환자가 보기 쉽게 정리되어 있다면, 병원에 대한 이해도가 높아지고 이용에 대한 심리적 장벽을 낮추는 데 도움이 된다.

특히 초진 환자의 경우, '이 병원이 나에게 맞는 곳인지', '불편 없이 이용할 수 있을지'를 먼저 확인하려 하기 때문에, 온라인 정보 제공은 단

순한 정보 제공을 넘어 환자의 병원 선택을 이끌어 내는 설득력 있는 요소로 작용한다.

디지털 환경에서 병원이 어떻게 보이는지는 단순히 정보를 올려놓았느냐의 문제가 아니다.
검색했을 때 얼마나 잘 노출되고, 정보가 얼마나 명확하게 정리되어 있으며, 환자가 궁금해하는 내용을 얼마나 정확히 제공하고 있는지가 중요하다

경쟁 병원의 분석

　온라인 환경에서 경쟁 병원의 디지털 전략을 살펴보는 일은 단순히 따라 하기 위한 벤치마킹이 아니라, 현재 시장에서의 경쟁 구도를 이해하고 우리 병원의 온라인 포지션을 객관적으로 점검하는 과정이다.

　특히 온라인에서는 병원 간의 물리적 거리보다 검색 노출, 브랜드 인지도, 콘텐츠 노출 전략이 환자의 선택에 더 직접적인 영향을 미친다. 같은 진료 과목을 다루는 병원뿐 아니라, 유사한 증상에 대해 비슷한 서비스를 제공하는 타 진료과의 병원들까지도 실제 환자 입장에서는 충분히 비교 대상이 되기 때문에, 이들 역시 경쟁 병원으로 간주해야 한다.

　경쟁 병원의 온라인 활동을 분석할 때는 단순히 '누가 경쟁자인가'를 따지는 것을 넘어, 어떤 키워드에 집중하고 있는지, 어떤 형식의 콘텐츠를 활용하는지, 그리고 어떤 메시지로 환자에게 이미지를 전달하고 있는지를 입체적으로 들여다볼 필요가 있다. 이러한 관찰은 우리 병원이 온라인상에서 어떤 방향으로 전략을 세워야 할지 구체적인 방향을 제시해 준다.

❶ 경쟁 병원의 온라인 브랜딩 전략의 구조

경쟁 병원이 온라인에서 어떤 이미지를 구축하고자 하는지는, 그들이 제작한 콘텐츠의 구성과 메시지를 통해 확인할 수 있다. 콘텐츠에서 반복적으로 다루는 주제와 언어의 분위기, 표현 방식의 흐름을 살펴보면, 병원이 어떤 방향으로 자신을 보여 주려 하는지를 가늠할 수 있다.

전문성을 강조하는 병원은 특정 진료 과목이나 치료법을 자주 언급하며, 객관적이고 정보 중심적인 표현을 사용하는 경우가 많다. 반면, 환자의 감정과 공감을 중심에 두는 병원은 부드러운 말투와 따뜻한 언어, 생활 속 상황을 담은 콘텐츠로 친근한 이미지를 전달하려 한다.

이런 표현 방식은 단순한 말투의 차이를 넘어, 경쟁 병원이 환자에게 어떤 태도로 다가가고자 하는지를 이해하는 단서가 된다. 콘텐츠에 담긴 언어의 방향성과 반복되는 메시지를 따라가다 보면, 병원이 추구하는 브랜딩의 핵심 가치와 이미지가 점차 드러난다. 중요한 것은 어떤 말을 했느냐보다, 그 말이 만들어 내는 분위기와 맥락을 함께 살펴보는 것이다.

❷ 경쟁 병원의 키워드가 말해 주는 마케팅 방향

경쟁 병원이 어떤 마케팅 전략을 펼치고 있는지는, 그들이 자주 사용하는 키워드를 통해 유추할 수 있다. 콘텐츠나 광고 문구에서 반복적으로 등장하는 단어들을 살펴보면, 경쟁 병원이 어떤 진료 분야에 마케팅 자원을 집중하고 있는지, 그리고 어떤 환자층을 주요 타깃으로 삼고 있는지를 파악할 수 있다.

'수면 내시경', '비만 클리닉', '턱관절 통증'과 같은 키워드는 특정 질환이나 검사에 대한 수요를 반영하는 경우가 많으며, 이를 통해 병원의 전문성을 강조하려는 의도를 짐작할 수 있다. 반면, '빠른 회복', '여의사 진료', '여성 건강검진' 등의 표현은 환자의 상황이나 선호를 고려해, 서비스 차별화를 통해 신뢰감이나 편안한 이미지를 전달하고자 하는 전략일 수 있다.

이처럼 사용되는 키워드의 조합을 살펴보면, 경쟁 병원이 어떤 의료 영역에 초점을 맞추고 있는지, 또 환자에게 어떤 이미지와 메시지를 전달하려는지를 어느 정도 가늠할 수 있다. 이는 단순한 홍보 문구를 넘어서, 경쟁 병원이 설정한 브랜딩 방향성과 타깃 전략의 흐름을 유추하는 데 도움이 된다.

❸ 콘텐츠 전략 및 운영 채널의 비교

경쟁 병원이 어떤 채널에 집중하고 있는지를 살펴보는 것은, 그 병원이 어떤 방식으로 환자와 소통하고, 어떤 타깃층을 겨냥하고 있는지를 파악하는 데 중요한 실마리가 된다.

블로그를 중심으로 운영하는 병원은 대체로 정보 제공에 초점을 맞추어 전문성과 신뢰를 강조하려는 콘텐츠 전략일 가능성이 높고, 인스타그램이나 유튜브와 같이 시각적인 플랫폼에 집중하는 병원은 친근한 이미지 형성과 감성적인 접근을 통해 브랜드 인지도를 높이려는 목적을 가진 경우가 많다.

또한 콘텐츠의 업로드 주기, 포맷의 일관성, 이미지와 영상의 활용 방식, 메시지의 언어 톤 등을 살펴보면 경쟁 병원의 마케팅 전략이 단기적인 노출 효과를 추구하는지, 혹은 장기적인 신뢰 형성을 지향하는지를 유추할 수 있다. 경쟁 병원의 이러한 운영 패턴을 면밀히 관찰하는 것은 우리 병원이 어느 채널에 자원을 집중하고, 어떤 콘텐츠 전략이 실제로 효과적인지를 판단하는 데 있어 실질적인 기준을 마련할 수 있다.

❹ 경쟁 병원의 온라인 리뷰와 반응 분석

경쟁 병원이 보유한 리뷰의 수, 별점 평균, 후기에서 자주 등장하는 키워드는 해당 병원이 환자에게 어떤 인상을 주고 있는지를 가늠할 수 있는 중요한 단서가 된다. '친절함', '설명을 잘해 줌', '대기 시간이 짧음', '시설이 깨끗함' 같은 긍정적인 표현은 그 병원이 어떤 강점으로 신뢰를 얻고 있는지를 보여 준다. 반대로 '예약이 어렵다', '무뚝뚝하다', '과잉 진료 같다'는 식의 부정적인 표현은 환자 경험에서의 약점을 드러낸다.

이러한 리뷰 분석은 경쟁 병원의 서비스 운영 방향과 환자와의 소통 태도, 실제로 전달되는 병원의 이미지까지 유추할 수 있게 해 준다. 또한 리뷰에 병원이 얼마나 성실하게 응답하고 있는지, 어떤 방식으로 피드백을 주고 있는지를 살펴보면, 환자 관계 관리(CRM)의 수준도 가늠할 수 있다.

결국 경쟁 병원의 리뷰와 반응을 분석하는 것은 단지 평가를 위한 목적이 아니라, 우리 병원이 놓치고 있는 강점 요소를 발견하거나, 차별화 가능한 포인트를 찾아내는 데 유용한 자료가 된다.

❺ 진료 시스템과 운영 방식 파악하기

경쟁 병원의 운영 방식은 직접적으로 확인하기 어렵지만, 온라인에 노출된 다양한 정보들을 통해 어느 정도 파악할 수 있다. 카카오톡 상담 가능 여부, 온라인 예약 시스템 도입, 야간 또는 주말 진료 안내, 특화 클리닉 운영, 이벤트나 패키지 구성 등은 대부분 홈페이지나 블로그를 통해 확인이 가능하다.

또한 병원이 채용 중인 직무와 공고의 내용으로도 마케팅 전략의 방향성을 예측하는 데 참고할 수 있다.

외국인 코디네이터를 모집하고 있다면 해외 환자 유치를 염두에 두고 있는 것으로 해석할 수 있고, 영상 편집 인력을 채용 중이라면 영상 콘텐츠 중심의 커뮤니케이션을 강화하려는 계획이 있을 것으로 예측할 수 있다.

경쟁 병원을 분석하는 목적은 단순히 따라 하기 위함이 아니다. 경쟁 병원이 잘하고 있는 부분 중에서 우리 병원에 적용할 수 있는 부분은 무엇인지, 오히려 차별화해야 할 요소는 무엇인지, 그리고 어떤 부분에서 우리 병원이 더 나은 대안을 제시할 수 있을지를 찾는 과정이며, 우리 병원의 브랜딩 방향을 명확히 정리하고 전략적 실행의 방향을 구체화하는 데 중요한 역할을 한다.

환자 관점에서 본 온라인 병원 선택 여정

병원이 아무리 좋은 진료 역량과 시스템을 갖추고 있더라도, 환자 입장에서 쉽게 찾을 수 없고, 신뢰가 가지 않으며, 접근하기 어렵게 느껴진다면 실제 선택으로 이어지기 어려울 수 있다.

온라인 환경을 분석할 때 가장 중요하게 살펴봐야 할 세 번째 축은 바로 '환자'의 입장에서 디지털 공간 속 병원을 어떻게 바라보고 있는가에 대한 부분이다.

요즘 환자들은 단순히 가깝다는 이유만으로 병원을 선택하지 않는다. 온라인 공간에서 스스로 정보를 찾아보고 비교하며, 자신의 문제를 잘 이해해 주고 신뢰할 수 있을 것 같은 병원을 선택하는 경우가 많다.

이러한 행동은 하나의 흐름을 따라 움직이는 환자의 디지털 여정(Patient Journey)이라 볼 수 있으며, 이 과정을 이해하는 것이 환자의 기대에 가까운 마케팅 전략을 세우는 데 중요한 출발점이 된다.

❶ 환자는 어떤 키워드로 병원을 찾는가?

환자들이 검색창에 입력하는 키워드는 단순한 단어의 나열이 아니다.

그 안에는 불편함, 불안, 기대, 그리고 정보를 찾고자 하는 마음 같은 다양한 감정이 담겨 있다.

'턱관절 통증'처럼 증상을 직접 입력하는 경우도 있지만, '턱관절 잘 보는 병원'이나 '턱이 아픈데 어디로 가야 하나'처럼 고민과 갈등이 묻어나는 표현도 많다. 이런 검색어에는 환자가 느끼는 혼란이나 막연한 걱정이 그대로 드러나 있다.

전문가가 아닌 이상, 대부분의 환자는 의학 용어보다 일상 속에서 쓰는 말이나 자신의 상황을 설명하는 표현을 더 자주 사용한다. 그렇기 때문에 병원 입장에서도 '우리가 진료하는 분야'를 중심으로 키워드를 나열하는 것만으로는 부족하다. 실제 환자들이 어떤 키워드를 검색에 사용하는지를 먼저 이해하고, 그에 맞춰 대응하는 것이 필요하다.

이를 위해 네이버 데이터랩이나 구글 트렌드를 활용해 연령별, 지역별 검색 흐름을 살펴보고, 지식인 질문이나 SNS 해시태그처럼 환자들이 자주 사용하는 표현을 참고해 볼 수 있다. 이렇게 수집한 키워드는 병원의 홈페이지나 블로그, 콘텐츠 제목, 섬네일 문구, 지도 등록 설명, 광고 문안 등 다양한 곳에 자연스럽게 반영할 수 있다.

❷ 환자는 어떤 기준으로 병원을 선택하는가?

환자들이 온라인에서 병원을 선택할 때는 단 하나의 기준만으로 판단하지 않는다. 진료 과목의 적합성, 병원까지의 거리, 리뷰나 블로그 후기, 의료진의 전문성, 시설의 청결도, 예약 시스템의 편리함, 콘텐츠에서 느껴지는 신뢰도까지 다양한 요소를 종합적으로 고려하는 경향이 크다.

이런 요소들은 각각 분리되어 작용하기보다는, 하나의 흐름 속에서 병원에 대한 전반적인 인상을 만들어 낸다. 특히 최근에는 눈에 잘 들어오는 영상 콘텐츠, 인포그래픽 이미지, 의료진이 직접 등장해 설명하는 콘텐츠, 자주 묻는 질문을 정리한 안내문처럼 실용적인 정보들이 환자의 신뢰를 높이는 데 긍정적으로 작용하고 있다.

결국 환자는 병원에 대한 정보를 하나하나 따로 평가하기보다, 전체적으로 얼마나 신뢰감 있고 편안하게 느껴지는지를 기준 삼아 병원을 선택하게 된다.

❸ 환자는 의도적으로 찾기도 하지만, 우연히 노출되기도 한다

병원을 찾는 과정이 항상 계획적인 것만은 아니다. 어떤 환자는 증상이 불편해 직접 검색을 통해 병원을 찾기도 하지만, 또 다른 누군가는 SNS나 유튜브, 블로그, 카페를 둘러보다가 병원 관련 콘텐츠를 우연히 접하며 관심을 갖게 되기도 한다. 처음부터 병원을 알아볼 생각은 없었지만, 자주 보게 되는 병원명이나 인상 깊은 콘텐츠가 자연스럽게 기억에 남는 것이다.

이처럼 사용자의 관심사에 따라 자동 추천되는 콘텐츠는 환자의 검색 행동과는 별개로 병원의 이름과 이미지를 반복적으로 노출시킬 수 있다. 유튜브 알고리즘, 인스타그램 릴스, 네이버 모바일 탭과 같은 플랫폼은 사용자의 행동 데이터를 바탕으로 관련 콘텐츠를 보여 주기 때문에, 병원 콘텐츠도 이 흐름 속에 자연스럽게 포함될 수 있다.

따라서 병원 콘텐츠는 단순히 정보를 담는 것을 넘어서, 환자의 기억 속에 병원의 이름과 이미지를 남길 수 있도록 구성되기도 한다. 콘텐츠의 주제 선정, 제목의 표현, 영상 섬네일, 말투나 분위기까지 세심하게 설계된다면, 환자가 병원을 직접 찾지 않았더라도 나중에 필요할 때 자연스럽게 떠오르는 계기를 만들어 줄 수 있다.

❹ 환자는 온라인에서 경험을 평가하고 공유한다

병원을 다녀간 환자는 단지 치료를 받고 끝나는 것이 아니라, 그 경험을 온라인에 남기기도 한다. 병원 리뷰, 맘카페 후기, 블로그 후기, 유튜브 댓글 등 다양한 공간에서 자신이 느낀 점을 다른 사람들과 공유하는 것이다.

이런 콘텐츠는 단순한 후기 이상으로 병원을 알리는 긍정적인 자산이 되기도 하고, 반대로 부정적인 인식을 확산시키는 위험 요소가 되기도 한다. 특히 좋지 않은 리뷰가 특정 키워드와 함께 자주 노출될 경우, 병원의 이미지에 오랫동안 영향을 줄 수 있다.

따라서 병원은 이런 환자의 목소리를 단순히 모니터링하는 데 그치지 말고, 전략적으로 활용해야 한다. 자주 반복되는 불만의 내용은 시스템을 개선할 수 있는 실마리가 되고, 긍정적인 후기는 리뷰 관리 전략이나 콘텐츠로 이어질 수 있다. 또 후기 속 키워드나 질문들을 모으면, 새로운 콘텐츠의 소재로도 발전시킬 수 있다.

환자는 온라인에서 '정보 소비자'이자 '콘텐츠 제작자'이며, 동시에 '병원 브랜드의 공동 형성자'이기도 하다.

병원은 환자의 입장에서 어떤 정보가 필요하고, 어떤 흐름으로 병원에 도달하게 되는지를 역방향으로 생각해 콘텐츠 구조와 메시지를 설계해야 한다.

결국 환자 관점의 분석은 가장 현실적인 시장 분석이며, 이들의 검색 언어, 탐색 경로, 선택 기준은 곧 우리 병원의 브랜딩 방향과 콘텐츠 전략을 결정짓는 나침반 역할을 하게 된다.

데이터로 우리 병원의 현재를 냉정하게 바라보기

병원 마케팅은 감이 아닌, 데이터에서 출발해야 한다. '환자가 줄어든 것 같다.', '광고 효과가 떨어진 것 같다.', '경쟁 병원이 늘어난 것 같다.' 라는 식의 막연한 느낌만으로는 전략을 세우기 어렵다. 때로는 그런 인상이 실제보다 과장되거나 왜곡될 수도 있고, 방향을 잘못 잡아 시간과 자원을 낭비하게 만들 수도 있다.

그래서 앞서 우리는 오프라인 상권과 디지털 환경을 분석하며, 병원을 둘러싼 현실을 수치와 비교하고, 흐름의 맥락 속에서 바라보려고 했다. 이제 중요한 것은 이 데이터를 바탕으로 우리 병원의 현재를 조금 더 객관적으로, 그리고 차분히 바라보는 일이다.

오프라인 상권 분석을 통해 우리는 병원의 입지 조건, 유동 인구의 흐름, 지역의 인구 구조, 주변 경쟁 병원의 분포, 교통 접근성과 주차 편의성 등을 확인할 수 있었다. 이 과정에서 어떤 진료과가 과잉 경쟁에 놓여 있는지, 반대로 어떤 환자층이 우리가 더 집중해 볼 수 있는 타깃이 될 수 있는지에 대한 실마리도 함께 발견할 수 있다.

디지털 환경 분석은 또 다른 관점을 보여 준다. 우리 병원이 온라인에서 얼마나 노출되고 있는지, 어떤 키워드로 연결되고 있는지, 블로그나 SNS 콘텐츠에 대한 반응은 어떤지, 그리고 경쟁 병원은 어떤 방식으로 디지털 채널을 운영하고 있는지를 통해 환자의 시선에서 우리 병원을 조망해 볼 수 있다.

이렇게 오프라인과 온라인 데이터를 함께 놓고 보면, 지금 우리 병원이 어디쯤에 위치하고 있는지, 어떤 방향으로 나아갈 수 있을지 조금 더 구체적인 그림이 그려진다. 그 위에서 우리는 스스로에게 다음과 같은 질문을 던져 볼 수 있다.

- 지금 우리 병원은 경쟁 병원과 비교해 어떤 위치에 있을까?
- 우리 병원의 강점은 무엇이고, 보완이 필요한 부분은 무엇일까?
- 지금까지의 마케팅 활동은 일정한 흐름을 가지고 있었는가?
- 우리가 아직 시도해 보지 않은 타깃층이나 진료 분야가 있다면 무엇일까?

이러한 질문에 '느낌'이 아닌 '근거'로 답할 수 있을 때, 마케팅은 단순한 홍보를 넘어 병원의 방향성을 설계하는 하나의 전략 도구가 될 수 있다.

앞으로 어떤 콘텐츠를 만들고, 어떤 채널에 집중하며, 어떤 이야기를 전해 나갈지는 결국 이 현실 인식에서부터 출발하게 된다. 기대감만으로는 전략이 만들어지지 않는다. 우리 병원이 지금 어디에 있는지를 정확히 이해하는 것이, 앞으로 나아갈 방향을 설계하는 가장 좋은 출발점이 된다.

> **핵심 TIP** 환경을 분석해야 전략이 보인다

❶ 입지보다 중요한 건, '노출'이다

병원의 성공은 위치가 아니라, 환자의 시야에 얼마나 자주, 효과적으로 등장하느냐에 달려 있다.

❷ 오프라인 상권+디지털 환경을 함께 보자

유동 인구와 경쟁 병원, 지역 환경은 물론, 온라인 키워드와 콘텐츠 노출까지 함께 분석해야 전략이 완성된다.

❸ 진료권 분석이 곧 마케팅 방향이다

병원의 진료 범위에 따라 타깃과 콘텐츠, 광고 전략까지 달라져야 한다.

❹ 환자의 검색 흐름을 이해하자

환자가 어떤 키워드로 병원을 찾고, 어떤 기준으로 선택하는지를 이해하면 실전 콘텐츠와 키워드 전략이 보인다.

❺ '감'이 아니라 '데이터'로 전략을 세우자

데이터는 현재 위치를 보여 주는 지도이자, 앞으로 나아갈 전략의 나침반이다.

3장

마케팅의 출발점, 병원의 방향을 정하다

"병원 마케팅은 '무엇을 할까'보다
'왜 하는가'에서 시작된다."

병원이 앞으로 가고자 하는 방향은 무엇인가?
단순히 환자 수를 늘리는 것이 아닌,
'어떤 가치를 누구에게 전달할 것인가'를 먼저 정의해야 한다.
이 장에서는 병원의 철학과 존재 이유(목적),
그 철학을 실현하기 위한 실행 지표(목표),
그리고 환자에게 병원이 어떻게 기억되길 원하는지에 대한 이미지 전략
(콘셉트)을 정리한다.

"노력과 용기만으로는 부족하다.
목적과 방향이 필요하다."

- 존 에프. 케네디(John F. Kennedy)

병원 마케팅 전략의 출발점 – 목적과 목표를 설정하자

이제까지 우리는 병원을 둘러싼 외부 환경을 분석하고, 데이터를 기반으로 현재 우리 병원이 어떤 위치에 있는지를 점검해 보았다. 이제 다음 단계는 병원이 어디로 가야 할지, 그 방향을 설정하는 일이다. 그 방향 설정의 출발점은 마케팅의 목적과 목표를 명확히 하는 것에서부터 시작된다.

많은 병원이 마케팅을 시작할 때, 막연하게 '환자를 늘리고 싶다.', '매출을 높이고 싶다.'라는 생각으로 출발한다.

하지만 이러한 바람이 구체적인 목적이나 계획 없이 실행에 들어가 실패하는 경우가 적지 않다.
그래서 본격적인 실행에 앞서 스스로에게 던져야 할 중요한 질문이 있다.

우리 병원은 왜 마케팅을 시작하려 하는가? 그리고 무엇을 이루고자 하는가?
이 질문은 단지 전략의 출발선이 아니라, 병원이 어떤 방향성과 철학을 가지고 마케팅을 하려는지를 점검하는 기준이 된다.

이 질문에 대한 답은 병원 마케팅의 목적(Purpose)이 되고, 그 목적을 실제 행동으로 옮기기 위한 단계별 계획이 곧 목표(Goal)가 된다.

목적과 목표가 분명할수록 병원의 마케팅은 방향을 잃지 않고, 병원의 정체성과도 자연스럽게 이어진다.

반대로 이 두 가지가 명확하지 않으면, 겉보기에는 여러 활동이 진행되고 있는 것처럼 보여도, 단지 콘텐츠를 만들고 광고를 올리는 데 그치기 쉽다.

그러므로 병원 마케팅 전략은 콘텐츠나 광고에서 출발하는 것이 아니라, 병원 자체의 방향성과 목표를 먼저 정하는 데서 시작해야 한다.

이 기준이 분명해질 때 비로소, 이후의 마케팅 전략부터 메시지, 채널 운영, 예산 배분에 이르기까지 모든 흐름이 일관되게 정리될 수 있다.

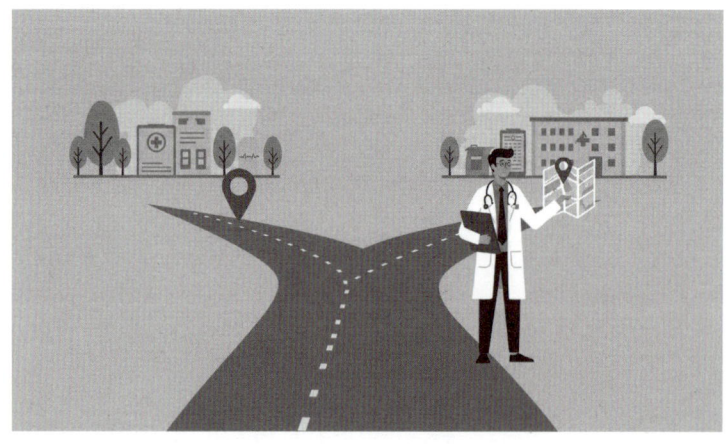

병원의 철학과 존재 이유를 담은 '목적(Purpose)'

병원 마케팅의 목적은 단순히 더 많은 사람에게 노출되고, 환자를 유치하며, 인지도를 높이기 위한 것이 아니다. 그보다 더 근본적인 질문부터 고민해야 한다.

"우리 병원은 왜 존재하는가?"
"우리는 누구에게, 어떤 가치를 제공하고자 하는가?"

이처럼 병원 마케팅의 '목적'은 단지 진료실 안에 국한된 것이 아니라, 마케팅 전략 전체를 이끄는 중심축이 되어야 한다.

즉, 병원 마케팅의 목적은 병원의 장기적인 운영 철학을 말하며, 마케팅 전략은 이 철학을 환자와 사회에 어떻게 보여 줄 것인지를 고민하는 과정을 말한다.

A 병원은 지역 주민의 평생 건강을 돌보는 주치의 개념의 병원을 지향할 수 있고, B 병원은 특정 질환에 대한 고난도 치료에 특화된 전문 병원이 되는 것을 목적으로 삼을 수 있다.

이처럼 병원이 궁극적으로 도달하고자 하는 방향성과 존재 이유는 마케팅 전략의 기획은 물론, 의료진의 진료 방식, 병원의 내부 운영 문화, 콘텐츠 메시지의 설계까지 모든 영역에 영향을 미치게 된다.

'환자 중심의 진료', '지역 사회에 기여하는 병원', 또는 '특정 진료 분야에서 신뢰받는 전문 병원' 등, 병원이 환자와 사회에 약속하고자 하는 핵심 가치를 명확히 정의하는 것이 병원 마케팅의 '목적'이며, 이 목적이 명확할수록, 마케팅은 병원의 철학을 담은 설득력 있는 스토리로 발전할 수 있다.

AI를 활용해 병원의 '목적'을 정리하는 방법

병원을 처음 운영하거나 병원 마케팅을 처음 시작하는 경우 병원의 철학이나 운영 목적을 구체적인 문장으로 정리하는 일이 막막하게 느껴질 수 있다.

이럴 때는 AI를 활용하는 것도 효과적인 방법이 될 수 있다.

병원이 지향하는 의료 철학, 주요 진료 과목, 환자에게 전달하고 싶은 가치나 경험 등을 AI에게 구체적으로 입력하면, 이를 바탕으로 병원의 방향성과 정체성을 잘 드러내는 명확하고 설득력 있는 문장을 제안받을 수 있다.

AI에게 병원의 목적을 물어보는 실전 프롬프트 예시

프롬프트(ChatGPT)

아래 정보를 바탕으로 우리 병원의 목적(Purpose)을 2~3문장으로 정리해 주세요.

- **진료 과목**: 정형외과
- **주요 대상**: 50~70대 퇴행성 관절염 환자
- **진료 철학**: 수술보다는 비수술 치료를 우선하며, 일상 복귀 중심의 진료를 지향함
- **병원이 지향하는 방향**: 지역 내 중장년층의 관절 주치의 역할

AI의 응답 예시

저희 병원은 50~70대 중장년층의 관절 건강을 지키는 지역 밀착형 정형외과입니다.

수술에 앞서 비수술적 치료를 우선 고려하며, 환자가 일상으로 빠르게 복귀할 수 있도록 돕는 진료를 실천합니다.

우리 병원은 단순한 치료를 넘어, 환자분들의 삶의 질을 함께 관리하는 '관절 주치의'로 자리 잡는 것을 희망합니다.

전략 실행의 이정표가 되는 '목표(Goal)'

병원의 목적(Purpose)이 정해졌다면, 이제 그 목적을 실현해 나가기 위한 실제 실행 계획이 필요하다. 바로 이 실행의 중심에 있는 것이 '목표(Goal)'이다.

'목표'는 병원의 목적을 현실적으로 실현해 나가기 위한 구체적이고 측정 가능한 지표다.

- 신규 환자 수 20% 증가
- 온라인 예약 전환율 30% 향상
- 리뷰 평균 별점 4.5 이상 유지

이처럼 '목표'는 추상적인 가치가 아니라 측정 가능한 수치로 표현되어야 하며, 나아가 전체 병원 운영의 성과를 판단하는 기준이 된다.

목표가 있어야 우리가 무엇을 위해 콘텐츠를 만들고, 어떤 채널에 집중할 것인지, 그리고 마케팅 성과를 어떻게 평가할 것인지가 명확해지게 된다.

목적과 목표, 마케팅의 균형추

  목적이 없는 목표는 마케팅 진행 도중 방향을 잃고 흔들리기 쉽고, 반대로 목표 없이 설정된 목적은 현실과 동떨어진 이상에 그치기 쉽다.
  병원 마케팅에서 '목적'과 '목표'는 반드시 함께 설계되어야 하며, 서로 일관된 방향을 가질 때 비로소 병원의 정체성을 강화하는 전략 도구가 될 수 있다.
  A 병원의 마케팅 목적이 '환자 중심의 정직한 진료'라면, 마케팅 목표는 그 목적을 실현할 수 있는 방향으로 설정되어야 한다.
  단순히 환자 수나 매출을 늘리는 것을 넘어서, '환자 만족도 향상', '재방문율 증가', '클레임률 감소'와 같이 병원의 가치가 실제 환자 경험으로 이어질 수 있는 구체적인 기준이 되어야 한다.
  병원이 외부에 전달하고자 하는 이미지와 환자가 실제로 느끼는 경험 사이에 차이가 생기면, 그 마케팅의 진정성은 오히려 신뢰를 떨어뜨릴 수 있다. 따라서 목표는 단순히 수치를 달성하기 위한 도구가 아니라, 마케팅의 목적을 현실 속에서 실현해 나가는 과정의 일부로 설정되어야 한다.

  이제는 진료만 잘한다고 자연스럽게 알려지는 시대는 지났다. 병원이 어떤 가치를 중심에 두고 운영되고 있으며, 그 가치를 어떻게 구체적으로 실현하고 있는지를 명확히 보여 주지 않는다면, 모든 마케팅 활동은 단순히 방향 잃은 투자로 남을 수밖에 없다.

❶ 병원의 '목표'를 설정하는 방법

| 우리 병원의 마케팅 목적(Purpose)
'환자 중심의 정직한 진료'
우리는 모든 진료와 의료 서비스에서 환자의 입장을 최우선으로 생각하며, 과잉 진료 없이 최적의 치료법을 제안하는 정직한 진료를 실천합니다. 환자가 병원에 대해 신뢰하고, 다시 찾고, 주변에 소개할 수 있는 병원이 되는 것이 우리의 지향점입니다.

| 우리 병원의 마케팅 목표(Goal)

항목	설정된 목표	목표 설정 배경 및 철학과의 연결성
1. 신규 환자 수	전년 대비 15% 증가	무분별한 홍보가 아닌, 정직하고 신뢰받는 이미지를 바탕으로 자연스러운 유입 확대를 추구
2. 재방문율	재방문율 10% 이상 증가	좋은 진료 경험을 바탕으로 한 환자의 자발적 재방문은 '환자 중심' 가치를 실현하는 핵심 지표
3. 환자 리뷰 평점	평균 4.7점 이상 유지 (네이버, 카카오맵 등)	진료의 신뢰성과 서비스 만족도가 함께 반영되는 정성적 지표
4. 의료 상담 전환율	홈페이지 또는 블로그 방문자 대비 문의/상담 전환율 20% 이상	과장 없는 콘텐츠를 통해 신뢰 기반의 상담으로 유도
5. 네이버 블로그/카페 콘텐츠 반응률	진료 정보 콘텐츠 클릭률 및 체류 시간 30% 증가	환자에게 도움이 되는 '진짜 정보' 중심의 콘텐츠 제공 전략과 일치
6. 불만 후기(클레임) 대응률	24시간 내 피드백 처리율 100% 달성	병원의 책임감과 환자 신뢰 확보를 위한 정직한 운영 시스템 구축

❷ **마케팅 실행 포인트(목표 연계형)**

- 단기 유입 증가만을 위한 광고보다는, 후기 기반 마케팅 강화
- '왜 우리 병원은 과잉 진료를 하지 않는가'에 대한 콘텐츠 발행 〉 진료 철학 스토리 전달
- FAQ 콘텐츠 및 사전 예약 시스템 고도화 〉 문의 전환율 상승 유도
- 불만 후기는 빠르게 대응하고, 개선된 내용은 콘텐츠로 환류시키기
- 환자 경험 개선 캠페인: "우리 병원 첫 방문, 무엇이 좋았나요?" 리뷰 참여 유도

병원의 목적과 목표를 넘어, '콘셉트'를 설계하다

 병원의 철학이 마케팅 속에 스며들고, 마케팅의 실행이 병원의 정체성을 더욱 선명하게 만들어 줄 때, 그 병원은 단순히 노출이 잘 되는 병원이 아니라, 선택받고 기억되는 병원이 될 수 있다.
 그 답이 바로 병원의 콘셉트(Concept) 이다.

> "당신의 병원은 어떤 병원인가요?"

 이 질문에 단 한 줄로 답할 수 있다면, 이미 병원의 콘셉트는 어느 정도 정립된 상태일 것이다. 하지만 대부분의 병원은 이 질문에 머뭇거린다.
 진료도 열심히 하고, 환자도 성심껏 대하지만, 막상 우리 병원이 어떤 이미지로 기억되고 있는지 묻는다면 선뜻 답하기 어려운 것이 현실이다.
 병원의 콘셉트는 병원이 외부에 보여 주고자 하는 정체성이자 이미지 전략이다. 한마디로 말해,

> "우리 병원은 ○○한 병원입니다."

 이 한 줄의 문장을 만들기 위해 존재하는 모든 마케팅 활동의 중심이 바로 콘셉트이다.

병원의 콘셉트가 중요한 이유

콘셉트를 만들었다면 이제 중요한 질문이 따라온다.
"이렇게까지 정성 들여 병원 콘셉트를 잡아야 하는 이유가 뭘까?"
단순한 슬로건 하나 만들자고 이 모든 과정을 거치는 건 아니다.
병원의 콘셉트는 단지 마케팅의 부속물이 아니라, 병원이 세상에 어떤 모습으로 기억될지를 결정짓는 핵심 전략이기 때문이다.

❶ 병원은 '기억되는 방식'으로 선택된다

오늘날 환자는 수많은 정보를 접한다. 병원에 대한 정보도 예외는 아니다.
검색하면 수도 없이 많은 병원이 뜨고, 광고도 넘쳐 난다. 하지만 환자는 그 모든 정보를 다 기억하지 못한다. 결국 남는 것은 단 하나, '어떤 특별한 인상이 남았는가'이다.

"아, 그 병원? 설명 잘 해 주고 비수술로 치료해 주는 데였지."
"여긴 아이들한테 정말 친절하대."
"여성 질환만 전문으로 보는 클리닉이야."

이렇게 한 줄의 인상으로 병원이 정의되는 순간, 그 병원은 선택될 준비가 된 것이다.

그리고 이 인상을 만드는 것이 바로 콘셉트의 역할이다.

❷ 콘셉트는 콘텐츠를 하나로 묶는 중심축이다

우리는 마케팅을 위해 홈페이지를 만들고, 블로그에 글을 쓰고, 유튜브에 영상을 올리고, 병원 브로슈어를 만들기도 한다.

그런데 만약 이 모든 콘텐츠가 각기 다른 메시지를 담고 있다면 어떨까?

홈페이지에선 '신속한 치료'를 강조하고, 블로그에선 '자연 치유'를 이야기하며, 병원 안내문에선 '따뜻한 진료'를 내세운다고 가정해 보자.

이렇게 메시지가 서로 다르면, 환자는 병원에 대한 인상을 명확히 이해하기 어렵고, 기억에도 잘 남지 않는다. 반면, 콘셉트가 분명하면 모든 콘텐츠가 하나의 방향으로 이어지며 환자에게 일관된 이미지를 전달할 수 있다.

예를 들어, "우리 병원은 수술보다 비수술 치료를 우선하는 정형외과입니다."라는 명확한 한 문장이 정해진다면, 그것이 곧 모든 콘텐츠의 기준이 된다. 진료 소개 글도, 블로그 키워드도, 유튜브 영상의 제목도 이 기준 아래에서 제작되기 때문에 콘텐츠 전체가 일관된 흐름으로 환자에게 다가갈 수 있다.

❸ 콘셉트는 병원의 경쟁력을 만든다

같은 진료 과목을 운영하는 병원이 수십, 수백 곳에 이르는 오늘날, 환자들은 '가까운 병원'이 아니라 '자기에게 맞는 병원'을 찾는다.
이때 그 병원의 콘셉트는 환자가 느끼는 '차이'의 시작점이 된다.

누군가는 여성만 진료하는 편안한 공간을 원하고, 누군가는 복잡한 설명보다 빠른 치료를 원하며, 또 어떤 이는 대형 병원보다 일대일 케어가 가능한 곳을 찾는다.

이런 환자의 다양성과 기대에 응답하려면, 우리 병원만의 메시지, '우리는 누구를 위해 존재하는가'에 대한 답이 필요하다.

그 답이 바로 콘셉트이다.
콘셉트가 명확한 병원은 환자의 선택 앞에서 흔들리지 않는다.
그 콘셉트가 병원의 아이덴티티이자, 진짜 경쟁력이기 때문이다.

병원의 콘셉트, 어떻게 만들어야 할까?

병원의 콘셉트는 어느 날 갑자기 번뜩이는 아이디어처럼 떠오르는 것이 아니다.

병원의 철학과 목표를 바탕으로, 의료진의 역량과 환자의 관점, 병원의 운영 방식 등을 하나씩 되짚어 보며 조금씩 정리하고 정제해 나가는 과정이 필요하다.

"어떤 병원이고 싶은가?"라는 질문에 자신 있게 답하기 위해서는, 그만큼 충분한 자기 이해가 전제되어야 한다.

1단계. 우리 병원은 무엇에 강한가?

콘셉트를 만들기 위한 출발점은 우리 병원의 '강점 찾기'다.

우리 병원이 가장 자신 있는 진료는 무엇인지, 어떤 질환이나 증상, 어떤 환자에게 가장 우수한 치료 결과를 낼 수 있는지를 명확히 파악해야 한다.

이는 단순히 어떤 진료과를 운영하느냐를 넘어서, 실제 진료 현장에서 의료진의 전문성과 경험이 가장 자연스럽게 발휘되는 분야를 말한다.

척추 수술에 풍부한 경험을 갖춘 병원이라면 고난도 수술에 강점을 지니고 있을 수 있고, 약물 치료와 도수 치료의 균형을 잘 이루는 시스템을 갖춘 병원이라면 비수술 치료의 신뢰도가 높을 수 있다.

이러한 진료 역량의 차이는 결국 병원의 콘셉트를 결정짓는 본질적인 요소가 된다.

2단계. 환자의 입장에서 바라보기

두 번째 단계는 시선을 병원 밖으로 옮기는 것이다.

병원을 찾아오는 사람들은 누구이며, 어떤 이유로 우리 병원을 선택하는가?

단순히 연령대나 성별, 지역 같은 타깃층 정보만으로는 부족하다.

병원을 찾는 사람들은 어떤 문제를 안고 있으며, 어떤 기대와 경험을 원하고 있는지를 구체적으로 상상하고 공감하는 것이 중요하다.

관절 통증을 겪는 60대 여성이라면 통증 완화뿐 아니라 손주와 함께 걷고 싶은 일상을 되찾는 것이 진짜 바람일 수 있다.

갱년기를 겪는 여성은 단순히 호르몬 치료를 넘어, 자신을 이해해 주고 공감해 주는 진료 경험을 원할 수도 있다.

이처럼 환자의 불편함과 바람을 함께 이해할 때, 병원이 제공하는 진료와 서비스는 단순한 치료를 넘어 삶의 일부로 다가설 수 있다.

또한 환자들이 남기는 상세한 설명, 과잉 진료 없는 병원, 친절한 응대 등의 칭찬 한마디는 서비스 만족도를 넘어, 병원이 어떤 가치로 환자에게 기억되고 있는지를 보여준다.

3단계. 우리 병원을 설명하는 한 줄 메시지

마지막 단계는 위에서 정리한 병원의 강점, 의료진의 진료 역량, 그리고 환자가 기대하는 경험을 하나의 문장으로 압축하는 일이다. 이 문장은 병원의 브랜드 메시지를 결정짓는 가장 중요한 축이 되며, 마케팅뿐 아니라 내부 소통, 직원 교육, 콘텐츠 제작의 기준점이 된다.

일반적으로 이 문장은 "우리 병원은 ○○한 병원입니다."라는 형식으로 만들며, 핵심 키워드 두세 가지를 중심으로 구성하면 된다.

비수술 중심의 진료 방식, 특정 연령층이나 환자군에 대한 집중, 정직한 진료와 같은 가치들이 대표적인 키워드가 될 수 있다.

이 문장이 명확해질수록 병원은 그 메시지를 중심으로 콘텐츠를 기획하고, 마케팅 채널의 운영 방향을 설정하며, 내부 안내 문구나 직원의 응대 방식까지 일관성 있게 조율할 수 있다.

우리 병원만의 한 줄 메시지를 만들자

한 줄 메시지는 병원의 철학과 진료 방향, 타깃 환자에게 전하고 싶은 가치를 압축해 보여 주는 전략적 브랜드 언어로 병원의 존재 이유를 직관적으로 전달하고, 환자의 마음에 병원의 이미지를 각인시키는 역할을 한다.

1. 한 줄 메시지 구성의 기본 원칙

｜병원의 핵심 철학이 담겨 있어야 한다
- 단순히 무엇을 한다가 아니라, 왜 그렇게 하는지가 녹아 있어야 한다.

｜쉽고 직관적이어야 한다
- 외우기 쉬운 문장, 환자가 처음 들었을 때 바로 이해 가능한 표현을 쓴다.

｜병원만의 고유성이 드러나야 한다
- 누구나 쓸 수 있는 말이 아니라, 우리 병원만의 관점과 진정성이 반영돼야 한다.

2. 한 줄 메시지를 만들기 위한 실전 접근법

병원의 콘셉트 키워드 2~3개를 추출한다
- 예: '비수술 중심', '중장년 여성', '정직한 진료', '삶의 회복', '지역 주치의'

이 키워드를 자연스럽게 문장으로 연결한다
- 형식: "우리 병원은 [ ]한 병원입니다." 또는 "당신의 [가치]를 함께하는 [콘셉트] 클리닉입니다."

 설명하지 않아도 이미지가 그려지도록 만든다

- 예:
- '다시 걷고 싶은 당신을 위한 관절 클리닉'
- '환자 삶의 리듬을 먼저 생각하는 정형외과'
- '진료보다 진심을 먼저 전하는 주치의 병원'

3. 한 줄 메시지를 만들 때 흔히 하는 실수

❶ 지나치게 추상적인 표현:
- '정성을 다하는 병원', '믿을 수 있는 병원' 등은 공감도도, 차별성도 낮다.

❷ 이름 없는 병원:
- 타깃도, 특화도, 철학도 드러나지 않는 문장은 병원의 정체성을 흐린다.

❸ **단순한 수치 자랑:**

- '1일 100명 진료', '20년 경력' 같은 단순한 수치 자랑보다는, 그 안에 담긴 철학을 메시지화해야 한다.

❹ **콘셉트 유형별 한 줄 메시지 예시**

유형	메시지 예시
신뢰·전문성 강조형	- "신뢰 위에 쌓은 진료, 전문성으로 완성합니다" - "의료는 기술이지만, 믿음으로 기억됩니다" - "정확하게 진단하고, 진심으로 진료합니다"
환자 중심 감성형	- "환자의 이야기를 먼저 듣는 병원입니다" - "몸보다 마음이 먼저 회복되는 진료를 합니다" - "치료보다 함께하는 시간을 소중히 여깁니다"
기술·미래 지향형	- "의료의 내일을 오늘 실현하는 병원" - "AI와 사람, 함께 만드는 정밀 진료의 기준" - "데이터 기반의 진료, 더 똑똑한 건강 관리"
지역 밀착형	- "이웃처럼 가까운 병원, 가족처럼 따뜻한 진료" - "지역의 건강을 지키는 든든한 주치의" - "우리 동네 사람을 가장 잘 아는 병원"
진료과 특화형	- "다시 걷는 삶, 함께 만드는 관절 클리닉" (정형외과) - "건강하게, 가볍게, 나답게" (비만 클리닉) - "움직임의 회복이 삶의 회복이 되는 곳" (재활의학과) - "단순한 피부 치료를 넘어, 자신감을 회복하는 피부과" - "아이의 성장을 함께 그리는 소아 클리닉"

"당신의 병원은 어떻게 기억되고 싶은가?"

병원이 어떤 방향으로 나아가든, 그 정체성과 철학은 결국 한 문장으로 설명할 수 있어야 한다.

그 문장은 단순한 문구가 아니라 의료진도 직원도 환자도 이해할 수 있고, 다음 내원 때까지도 기억될 수 있는 말. 그것이 병원의 한 줄 메시지이며, 병원의 콘셉트이다.

AI를 활용해 우리 병원의 한 줄 메시지를 만들자

앞에서 병원의 한 줄 메시지를 만드는 방법을 설명하였지만, 막상 직접 만들려고 하면, 생각보다 어렵게 느껴질 수 있다.

이럴 때는 AI의 도움을 받아보는 것도 좋은 방법이다. 병원이 지향하는 철학, 진료의 강점, 타깃 환자층, 전달하고 싶은 가치를 명확히 정리해 입력하면, AI는 그 내용을 바탕으로 논리적이고 자연스러운 메시지를 제안해 준다.

무작정 문장을 만들어 달라고 하기보다, 병원의 핵심 정보를 구조화해서 전달하면, 병원의 의도를 더 정확하게 이해하여, 더 좋은 문장을 추천받을 수 있다.

따라서 한 줄 메시지를 요청할 때는 막연한 설명보다 병원의 콘셉트를 구조화해서 전달하는 것이 가장 효과적이다.

때로는 객관적으로 바라보는 AI의 시선이 우리가 미처 발견하지 못한 병원의 강점을 한 문장으로 정리해 줄 수도 있다.

> **핵심 TIP** 　**병원 마케팅의 시작은 '방향 설정'이다**

❶ 마케팅은 콘텐츠보다 '방향'이 먼저다

병원이 마케팅을 시작하기 전, 반드시 '왜 하는가(Purpose)'와 '무엇을 이루고 싶은가(Goal)'를 먼저 설정해야 한다.

❷ '목적(Purpose)'은 병원의 철학을 담는 출발점이다

환자에게 어떤 가치를 주고 싶은지, 병원이 지향하는 의료의 본질이 무엇인지를 명확히 해야 진정성 있는 마케팅이 가능하다.

❸ '목표(Goal)'는 실행을 위한 이정표다

환자 수, 전환율, 만족도 등 구체적이고 측정 가능한 지표로 설정하면, 성과 분석과 전략 개선이 가능해진다.

❹ 콘셉트(Concept)는 병원의 얼굴이다

"우리 병원은 어떤 병원인가요?"라는 질문에 한 문장으로 답할 수 있어야 한다. 이 메시지는 콘텐츠, 광고, 응대, 브랜드 전반에 일관된 기준이 된다.

❺ '목적-목표-콘셉트'는 유기적으로 연결돼야 한다

철학이 있어야 목표가 생기고, 목표가 있어야 보여 줄 콘셉트가 생긴다. 이 세 가지가 연결될 때 단순한 마케팅을 넘어 병원 고유의 브랜딩이 가능해진다.

4장

타깃 환자 설정과
고객 페르소나 정리하기

> "환자를 정확히 알아야 전략이 보인다."

모든 사람을 대상으로 한 마케팅은 누구에게도 깊이 닿지 않는다.
병원의 목표를 현실화하려면, 그에 맞는 핵심 환자층을 먼저 정해야 한다.
기존 내원자 분석과 병원 주변 환경, 온라인 검색 흐름을 바탕으로 병원과
궁합이 잘 맞는 환자 유형을 정밀하게 설정하고, 이를 구체적 인물로 구성
한 '고객 페르소나'를 중심으로 콘텐츠, 광고, 상담까지 전반적인 마케팅
전략을 설계해 나간다.

"고객을 가장 잘 이해하는 사람이 결국 승리한다."

– 마이크 고스페(Mike Gospe)

병원의 목표를 실현하기 위한 타깃 고객 설정

타깃 환자란 병원이 진료 서비스나 마케팅 활동을 집중해서 전달하고 싶은 핵심 환자층을 말한다.

쉽게 말해, 병원이 가장 만나고 싶고, 실제로 병원에 올 가능성이 높은 사람들을 미리 정해 두고 전략적으로 집중하는 대상을 의미한다.

병원의 목표가 명확하게 정해졌다면, 그 목표를 효과적으로 이루기 위해서라도 마케팅은 실제로 내원할 가능성이 높고, 치료로 이어질 가능성이 있는 환자층 중심으로 설계하는 것이 유리하다.

모든 사람을 대상으로 마케팅을 진행하게 되면, 정작 중요한 사람에게는 메시지가 제대로 전달되지 않을 수 있기 때문이다.

예산과 자원이 한정돼 있는 병원 입장에서는, 반응이 좋고 병원의 강점과 잘 맞는 환자층을 명확하게 정하는 것이 목표를 빠르고 정확하게 달성하는 데 큰 도움이 된다.

타깃 고객 설정은 어떻게 할까?

타깃 고객을 설정할 때는 두 가지 기준을 함께 고려하는 것이 중요하다. 하나는 이미 병원에 내원한 기존 환자, 다른 하나는 아직 방문하지 않았지만 내원 가능성이 높은 가망 고객이다.

먼저 기존 환자는, 병원의 진료 서비스와 실제로 연결된 환자들이므로 이들의 연령대, 증상, 내원 경로, 반복 방문 여부 등을 분석하면 병원과 잘 맞는 고객군의 특징을 구체적으로 파악할 수 있다.

반면, 가망 고객은 병원 근처에 거주하거나 온라인상에서 관련 정보를 탐색하고 있는 사람들로, 앞 장에서 언급한 우리 병원의 온·오프라인 환경 조사를 바탕으로 보면, 병원 인근에 거주하는 실거주자, 인근에서 근무하는 직장인, 블로그나 포털에서 관련 키워드를 검색하는 사용자 등이 이에 해당한다.

이 두 기준을 함께 분석하면, 병원은 목표를 달성하기 위하여 현재 집중해야 할 고객과 앞으로 공략해야 할 고객을 명확히 구분할 수 있고, 타깃 환자에 맞춰 콘텐츠 주제, 광고 타깃팅, 운영 채널을 전략적으로 설정할 수 있다.

타깃 고객을 더욱 세분화한 전략, 고객 페르소나 마케팅

    타깃 고객을 설정했다면, 이제 한 걸음 더 들어가 '고객 페르소나'라는 개념으로 그 대상을 정밀하게 정의할 필요가 있다. 고객 페르소나는 단순히 연령대나 직업군 같은 통계적 정보로 환자층을 구분하는 것이 아니라, 병원이 만나고자 하는 '이상적인 환자상(像)'을 하나의 구체적인 인물로 형상화한 마케팅 전략이다.

    예를 들어 '40대 여성 직장인'이라는 단순한 타깃보다, "서울에 거주하며 갱년기 초기에 접어든 45세의 워킹맘. 직장 생활과 가사를 병행하느라 스트레스를 많이 받으며, 최근 건강에 대한 위기의식을 느껴 포털 검색을 통해 정보를 탐색하고 있다."라는 식의 구체적 인물을 설정하는 것이다.

    이처럼 고객 페르소나는 콘텐츠 제작부터 광고 문구, 플랫폼 선택, 상담 응대 방식까지 모든 마케팅 요소의 기준이 되어, 병원 마케팅의 방향을 결정짓는 핵심 역할을 하게 되는 것이다.

고객 페르소나란 무엇인가?

마케팅 용어로서 '페르소나(Persona)'는 특정 브랜드 혹은 제품의 핵심 고객을 대표하는 가상의 인물 프로필을 말한다. 원래는 심리학에서 '외부에 보이는 자아'를 뜻하는 개념이었지만, 마케팅에서는 고객을 이해하기 위한 핵심 도구로 쓰인다.

고객 페르소나는 단순한 표적(Target)이 아닌, 병원이 실제로 만나고 설득하고 치료하게 될 '한 사람'의 이야기를 갖춘 모델이다. 이 인물을 통해 우리는 다음과 같은 요소들을 구체화하게 된다.

- 어떤 문제로 고민하고 있는가?
- 어떤 채널에서 정보를 탐색하는가?
- 어떤 기준으로 병원을 선택하는가?
- 어떤 방식의 커뮤니케이션을 선호하는가?
- 어떤 메시지에 반응하는가?

병원 마케팅에서 고객 페르소나를 왜 설정해야 하는가?

병원 마케팅은 환자와 병원 사이의 신뢰를 설계하는 작업이다. 신뢰를 만들기 위해서는 불특정 다수가 아닌 명확한 대상자가 필요하다. 병원은 그 대상자를 중심으로 콘텐츠를 만들고, 온라인 광고를 집행하며, 상담 응대 방식까지 조율한다.

따라서 페르소나는 마케팅 초반의 기획 단계뿐 아니라, 채널 운영, 콘텐츠 기획, 진료 접점, 광고 타깃팅, 재방문 전략 등 전 영역에서 방향을 잡아 주는 기준이 된다.

고객 페르소나는 어떻게 구성되는가?
(구매 행동 기반의 5단계 프레임)

병원의 고객 페르소나도 일반 소비자와 마찬가지로 문제 인식 → 정보 탐색 → 선택 결정 → 체험 및 평가 → 재방문/추천의 단계를 거친다. 이 흐름에 따라 페르소나를 구성하면 보다 전략적인 접근이 가능하다.

단계	고객 심리	병원 마케팅 전략 연결
1단계: 문제 인식	'몸이 예전 같지 않다.'	증상에 공감하는 콘텐츠 기획(ex. '갱년기 자가 진단', '만성 피로 체크 리스트')
2단계: 정보 탐색	'어떤 병원에 가야 할까?'	검색 키워드, 블로그, 포털 노출 콘텐츠 전략 설계
3단계: 선택 및 예약	'이 병원이 괜찮아 보인다.'	홈페이지 설계, 상담 유도 메시지, 리뷰 콘텐츠 구성
4단계: 진료 체험	'기대만큼 괜찮은가?'	응대 매뉴얼, 진료 설명 방식, 후기 관리
5단계: 재방문/추천	'다음에 또 오고 싶다.'	리마케팅, 건강 코칭 메시지, 커뮤니티 콘텐츠 운영

병원 맞춤형 고객 페르소나 설정 방법

병원에서 실질적으로 고객 페르소나를 만들기 위해서는 다음 4단계 접근이 유용하다.

❶ 기초 정보 정리

- 연령, 성별, 직업, 소득 수준, 거주 지역 등

❷ 라이프 스타일 및 건강 고민 분석

- 하루 일과, 스트레스 요인, 관심 질환, 건강에 대한 태도 등

❸ 정보 탐색 및 병원 선택 기준 파악

- 어떤 채널을 주로 활용하는가?
- 어떤 키워드로 검색하는가?
- 병원을 선택할 때 중요하게 생각하는 요소는 무엇인가?
  (예: 친절함, 설명력, 진료비 등)

❹ 행동 및 반응 시나리오 구성

- 어떤 메시지에 공감하는가?
- 어떤 콘텐츠를 클릭하는가?
- 예약 전 어떤 행동을 하는가?

예시 병원의 페르소나

- **이름**: 김지연(45세) / 직장인
- **상황**: 갱년기 초반, 수면 장애와 피로감, 가족의 건강을 챙기다 본인의 건강을 뒤늦게 챙김
- **정보 탐색**: 네이버에서 '갱년기 병원', '여의사 진료', '호르몬 치료 부작용' 검색
- **선호 요소**: 친절한 설명, 여의사 진료, 부담 없는 상담
- **콘텐츠 반응**: 블로그 후기, 전문가 Q&A, '이럴 땐 이런 진료' 안내형 콘텐츠

고객 페르소나는 '한 사람을 위한 전략'이 아닌, 시장을 여는 전략이다

"우리 병원은 다 합니다."라는 태도는 누구에게도 특별하지 않다는 의미다. 오히려 단 한 사람을 철저히 이해하고 설득할 수 있다면, 그 사람과 비슷한 수많은 잠재 고객에게도 같은 메시지가 통할 수 있다. 고객 페르소나는 그렇게 병원이 전략적으로 연결하고 싶은 환자들의 집합을 하나의 인물로 집약시켜 주는 도구다.

병원 마케팅의 시작은 결국 환자를 제대로 이해하는 일이다. 고객 페르소나는 이 과정을 현실적이고 전략적으로 가능하게 만들어 준다.

> **핵심 TIP** 타깃 환자와 페르소나 설정, 이렇게 하자!

❶ 모든 사람을 대상으로 하는 마케팅은 누구에게도 닿지 않는다
반응 가능성이 높은 핵심 환자층을 명확히 설정하고, 병원의 자원을 전략적으로 집중해야 한다.

❷ 기존 환자+가망 환자, 두 축으로 분석하자
현재 병원을 찾는 환자와 앞으로 유입될 가능성이 높은 타깃을 함께 분석해야 현실적인 전략이 나온다.

❸ '고객 페르소나'로 마케팅의 방향을 구체화하자
나이·직업보다, 그들이 겪는 문제와 정보 탐색 행동을 중심으로 페르소나를 설정하면 콘텐츠·채널·광고 문구까지 전략이 명확해진다.

❹ 단순한 '대상'이 아닌 '이야기'를 만들자
고객의 고민, 검색 행동, 선택 기준, 공감 포인트를 시나리오화하면, 병원 콘텐츠가 훨씬 현실적이고 설득력 있게 작동한다.

❺ 한 사람을 정확히 이해하면, 그와 비슷한 다수를 설득할 수 있다
페르소나는 '소수를 향한 전략'이 아니라 '시장의 공략점'을 찾아주는 병원 마케팅의 핵심 도구다.

| 고객 페르소나는 '한 사람을 위한 전략'이 아닌, 시장을 여는 전략이다

5장

마케팅 계획과 전략

> **"병원 마케팅은 계획에서 시작된다."**

브랜딩, 실행, 성과 개선까지 모든 마케팅의 흐름은 명확한 계획 위에서 움직인다.
목표와 타깃을 중심으로 콘텐츠, 채널, 예산을 구조화하면
병원은 단순한 광고를 넘어, 신뢰받는 브랜드로 성장할 수 있다.
이 장에서는 병원 마케팅 계획의 수립 방법부터 퍼널 전략, KPI 설정까지
지속 가능한 마케팅을 위한 전략의 큰 그림을 제시한다.

"계획이란 미래에 대한 현재의 결정이다."

– 피터 드러커(Peter Drucker)

왜 마케팅 계획을 세워야 하는가?

　병원의 마케팅은 단순히 환자 수를 늘리기 위한 활동으로만 접근해서는 안 된다.
　진정한 마케팅은 병원이 원하는 이미지와 신뢰도를 환자에게 심어 주고, 이를 통해 지속적인 유입과 관계 형성을 이끌어 내는 브랜딩의 과정이자, 병원의 성장을 위한 전략적 실행의 첫걸음이다.

　단발적인 광고나 이벤트 중심의 마케팅은 순간적인 주목은 끌 수 있지만, 병원이 장기적으로 지향하는 방향성과는 쉽게 연결되지 않는다.
　반면, 체계적인 마케팅 계획은 병원의 목표를 바탕으로 타깃을 명확히 하고, 어떤 콘텐츠를 어떤 채널에 어떻게 전달할지에 대한 흐름을 구조화함으로써, 단순한 홍보를 넘어 병원의 정체성을 확립하는 데 효과를 내기 위해서 반드시 필요하다.

　마케팅 성과를 관리하기 위해서는 계획-진행-점검-개선의 흐름이 반복되는 관리 루틴을 병원 내부에 정착시켜야 한다.

❶ 병원 브랜딩의 출발점이 된다

마케팅 계획은 병원이 환자에게 어떤 병원으로 인식되길 원하는지, 어떤 경험을 제공할 것인지에 대한 구체적인 방향성을 제시한다.

여러 채널을 통해 반복적으로 콘텐츠가 노출되고, 일관된 메시지가 축적되면서 병원만의 브랜드 이미지를 형성하게 되는데, 마케팅 계획은 이러한 전략을 구체화하고 현실적으로 작동하게 만드는 설계도다.

❷ 실행의 흐름을 만들고, 예산과 자원을 효율적으로 활용할 수 있다

병원 마케팅은 예산, 인력, 시간 등 다양한 자원이 투입되는 활동이다.

명확한 계획이 없으면 실행 과정에서 혼선이 생기고, 중복되는 작업이나 타깃과 맞지 않는 콘텐츠로 인해 자원이 낭비될 수 있다. 마케팅 계획은 이러한 시행착오를 줄이고, 각 자원을 '언제, 어디에, 어떻게' 집중해야 하는지를 정리해 주는 실행 지침서 역할을 한다.

❸ 시행착오를 줄이고 마케팅 성과를 측정하고 개선할 수 있다

마케팅에서 가장 큰 시행착오는 '반복되는 실패'다. 명확한 계획 없이 마케팅을 시작하면, 실패의 원인을 파악하기 어렵고 같은 실수를 반복하기 쉽다.

명확한 목표와 실행안을 마케팅 계획으로 구조화함으로써, 실행 후 결과를 비교하고 어떤 부분이 개선되어야 하는지를 쉽게 파악하여 병원이 지속적으로 마케팅을 고도화할 수 있는 기반을 만들 수 있다.

❹ 병원의 일관된 메시지를 유지할 수 있다

마케팅은 단순한 노출이 아니라 '어떻게 기억되느냐'의 싸움이다.

홈페이지, 블로그, 인스타그램, 유튜브, 오프라인 홍보물 등 다양한 채널을 운영하더라도, 병원이 전하려는 메시지와 이미지가 일관되어야 환자에게 명확한 인상으로 기억될 수 있다. 마케팅 계획은 채널별 전략을 조율하고, 콘텐츠를 통일된 방향성으로 설계하여 브랜딩 효과까지 함께 가져올 수 있다.

마케팅 계획은 단기·중기·장기로 나누어 설계

병원 마케팅은 하루아침에 성과가 나오는 활동이 아니라, 장기적인 목표를 향해 단계적으로 쌓아 가는 과정이다.

단기, 중기, 장기로 구조화된 계획은 병원 마케팅을 '일회성 활동'이 아닌 '브랜드 구축과 성장의 전략'으로 전환하게 해 준다.

단기 계획(1년)

현재 병원이 가장 필요로 하는 성과를 만들어 내기 위한 전략으로, 장기 목표를 향해 나아가기 위한 이정표 역할을 한다.

특히 개원 초기에는 단기 계획이 핵심 중심축이 되며, 환자와 시장의 반응을 관찰하고 조정하는 '실전 테스트 기간'으로서의 성격도 가진다.

채널별 콘텐츠 일정, 월별 캠페인, 광고 집행 등 실행 중심 계획, 월별 성과 분석을 통해 다음 달 계획을 조정하며 민첩하게 대응한다.

중기 계획(3년 단위)

중기 계획은 병원의 브랜딩과 마케팅 시스템을 안정화하는 시기로 병원의 진료과별 성장 목표, 타깃층 확대 전략, 브랜딩 성과 목표 등을 설정한다.

이 시기에는 단기적 이벤트 중심에서 벗어나, 일관된 메시지와 콘텐츠 방향을 통해 신뢰를 구축해 나가야 하며, 콘텐츠 자산을 꾸준히 쌓고, 진료 특화 분야에 대한 인식이 자연스럽게 형성되도록 유도한다.

장기 계획(5년 단위)

병원이 추구하는 비전과 궁극적 목표에 따라 전체 마케팅의 방향성을 설정한다.

장기 계획의 목적은 병원의 정체성을 브랜드로 확립하는 것이다.

콘텐츠나 광고 하나하나의 성과보다는 병원 자체가 브랜드로 작동하며, 자연스러운 소개와 재방문이 늘어나고, 브랜드 신뢰도를 기반으로 신규 유입이 생기는 구조가 완성되어야 한다.

또한 이 시기에는 내부 운영 시스템과 마케팅 전략이 유기적으로 맞물리면서, 병원 전반의 경험을 통해 환자의 충성도가 강화된다.

마케팅 계획은 어떻게 세워야 하나?

 마케팅 계획은 병원이 설정한 목표를 중심으로, 타깃층에게 어떤 방향으로 나아갈 것인지, 어떤 메시지를 어떤 방식으로 전달할 것인지를 구조적으로 정리하고, 그에 따라 콘텐츠, 채널, 일정, 예산까지 체계화하는 '실행 설계도'라고 할 수 있다. 계획이 정교할수록 시행착오를 줄이고, 같은 예산으로도 더 높은 성과를 거둘 수 있다.

마케팅 계획 수립을 위한 세 가지 핵심 원칙

❶ 목표 중심의 계획 수립
 마케팅은 병원의 비전과 목표를 중심으로 설계되어야 한다.
 '누구를 대상으로, 어떤 가치를 전달할 것인지'가 분명해야 하며, 환자 유입뿐만 아니라 병원의 인지도 강화, 특정 진료의 집중도 제고 등 명확한 성과 지향점을 설정해야 한다.

❷ 일관된 전략 흐름 유지
 타깃 환자의 정보 탐색 경로와 행동 패턴에 맞춰 콘텐츠의 흐름과 메시지를 구성해야 한다. 각 채널은 개별적으로 운영되더라도, 전체 커뮤니케이션의 맥락은 하나의 전략 아래 유기적으로 연결되어야 하며, 이 일관성이 곧 브랜딩으로 이어진다.

❸ 실행 가능성과 성과 측정 기반 확보

너무 이상적이거나 추상적인 계획은 실무에서 현실화하기 어렵다.

실행 가능성은 마케팅 전략을 현실화하는 핵심 기준이다.

병원 내부 자원, 예산, 인력 등을 감안하여 실행할 수 있는 수준에서 설계하고, 각 단계별 주요 지표(KPI)를 설정해 성과를 주기적으로 점검하고 개선한다.

구체적인 마케팅 계획 수립 방법

병원 마케팅 계획은 '목표를 정하고, 실행하고, 평가하는' 실제 환경과 자원, 환자 행동 패턴을 고려한 전략적 설계 과정이다.

다음은 병원에서 활용할 수 있는 실질적인 마케팅 계획 수립의 단계별 접근 방법이다.

1단계. 병원의 환경 분석

모든 마케팅은 병원의 '현주소'를 정확히 파악하는 것에서 시작된다.

- **외부 분석**: 지역 내 경쟁 병원 동향, 진료 수요 변화, 타깃 환자의 검색 트렌드
- **내부 분석**: 병원의 강점과 약점, 현재 운영 중인 채널 성과, 가용 자원(예산, 인력 등)
- **타깃 분석**: 핵심 환자층의 문제 인식, 정보 탐색 경로, 자주 이용하는 플랫폼

이 분석 결과는 마케팅의 방향과 포지셔닝, 메시지 전략의 기초가 된다.

2단계. 목표 설정 및 우선순위 정리

병원의 비전과 현재 상황을 반영해 측정 가능한 목표를 설정한다.

- **브랜딩 목표**: 병원의 이미지 형성, 특정 진료과의 전문성 강화
- **성과 목표**: 유입 수 증가, 예약 전환율 상승, 신규 환자 비율 확대 등
- **운영 목표**: 채널 활성화, 콘텐츠 생산 수치, 광고 효율 개선 등

목표는 항상 구체적이고 측정 가능하며, 일정 안에서 달성 가능한 수준으로 설정한다.

3단계. 마케팅 전략 방향 설정

목표를 달성하기 위해 어떤 전략적 접근을 할 것인지 결정하는 단계다.

- **콘셉트 전략**: 병원이 환자에게 어떤 메시지를 전달할 것인지 결정
  (예: '편안한 여성 진료', '직장인 대상 야간 진료', '가까운 우리 동네 소아과')

- **포지셔닝 전략**: 경쟁 병원 대비 병원의 차별점 강조
  (예: 특정 검사 장비, 진료 시스템, 전문 의료진, 사용자 경험 등)

- **타깃 전략**: 메인 타깃과 서브 타깃을 명확히 분리하고 각각에 맞춘 접근

4단계. 실행 채널 구성 및 콘텐츠 설계

전략을 실현할 수 있는 채널과 콘텐츠 운영 방안을 설계한다.

- **채널 구성**

– 온라인: 블로그, 인스타그램, 유튜브, 홈페이지, 카카오톡 채널

– 오프라인: 내부 안내물, 외부 배너, 지역 제휴 네트워크

– 광고: 검색 광고(네이버, 구글), 디스플레이 광고, SNS 광고 등

- **콘텐츠 설계**

타깃층의 관심사와 정보 탐색 패턴을 반영하여 콘텐츠 유형 구성
(건강 정보, 후기 도입, 진료 Q&A, 브이로그, 치료 후기, 의사 인터뷰 등)

- **일정 관리**

월간/주간 단위로 콘텐츠 제작 및 게시 일정을 정리하고, 담당자 또는 외주 범위를 구분해 관리한다.

5단계. KPI 설정 및 성과 측정 계획 수립

마케팅 실행 후에는 반드시 결과를 측정하고 개선해야 한다.

이를 위해 주요 성과 지표(KPI)를 설정하고, 정기적인 점검 체계를 마련한다.

- **KPI 예시**

콘텐츠 조회 수, 클릭률, 유입률

광고 전환율(CVR), 고객 획득 비용(CAC), 예약 건수

팔로워 수, 상담 수

- **피드백 루프 구성**

월별 리뷰 미팅 또는 리포트 작성 > 데이터 기반으로 전략 수정 > 다음 계획 반영

환자 유입 퍼널로 설계하는 병원 마케팅 전략

환자 유입 퍼널(Patient Acquisition Funnel)은 환자가 병원을 인식하고, 관심을 갖고, 예약과 내원을 거쳐 재방문에 이르기까지의 흐름을 단계별로 구조화한 마케팅 전략이다.

병원은 이 퍼널 구조를 기반으로, '누가', '언제', '어떤 정보를 찾으며', '어떤 조건에서 병원을 선택하는지'를 명확히 파악하고, 이에 맞춘 마케팅 계획을 수립함으로써 더 높은 전환율과 만족도를 만들어 낼 수 있다.

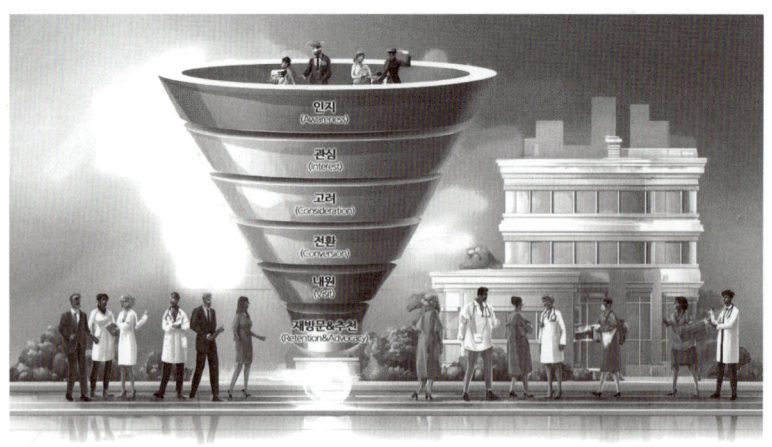

병원의 환자 유입 퍼널 6단계

① 인지(Awareness)
– 병원의 존재를 처음 인식하는 단계이다. 관심은 아직 없지만 무의식적 노출이 시작된다.

- **전략**: '병원이 있다는 사실'을 알리는 것이 핵심이다.
- **콘텐츠**: 병원 소개 카드뉴스, 지역 건강 정보 콘텐츠, 의료진 칼럼
- **채널**: 간판, 홈페이지, 블로그, 지역 커뮤니티, 유튜브, 인스타그램, 네이버 플레이스
- **광고 전략**: 검색 광고 키워드 노출(브랜드명+질환명), 디스플레이 광고, 네이버 지역광고

② 관심(Interest)
– 병원이 어떤 곳인지 궁금해지고, 웹사이트나 리뷰를 탐색하기 시작한다.

- **전략**: 신뢰를 줄 수 있는 정보를 제공하고, '우리 병원은 괜찮은 병원'이라는 인식을 심어야 한다.
- **콘텐츠**: 전문 진료 정보, 의료진 인터뷰, 실제 진료 후기
- **채널**: 홈페이지, 블로그, 네이버 지식인, 유튜브 영상 리뷰, 네이버 플레이스, 맘카페
- **광고 전략**: 진료 분야 관련 키워드 검색 광고, SNS 리타깃팅 광고

❸ 고려(Consideration)

– 다른 병원과 비교하며 구체적인 방문 여부를 고민한다. 위치, 비용, 친절도 등을 따져 본다.

- **전략**: '타 병원 대비 강점을 부각시키고, 선택의 이유를 명확히 제시해야 한다.
- **콘텐츠**: 진료 프로세스 설명, 비용 안내, 자주 묻는 질문(Q&A), 실제 환자 후기
- **채널**: 홈페이지, 예약 플랫폼, 네이버 예약, 블로그
- **광고 전략**: 브랜드 키워드 강화 광고, 리뷰형 콘텐츠 광고, 리마케팅 광고

❹ 전환(Conversion)

– 예약을 실제로 진행하거나, 전화/채팅 등으로 문의한다.

- **전략**: 예약을 '쉽게, 빠르게, 믿을 수 있게' 유도해야 한다.
- **콘텐츠**: 간편 예약 가이드, 전화 상담 응대 스크립트, 챗봇 안내
- **채널**: 홈페이지, 전화, 네이버 톡톡, 카카오 채널
- **광고 전략**: 클릭 유도형 광고(Call-to-Action), 전화번호 노출 광고, 예약형 랜딩 페이지

⑤ 내원(Visit)

– 병원에 실제로 내원해 진료를 받는 단계이다. 첫인상과 서비스 경험이 매우 중요하다.

- **전략**: '친절한 응대와 효율적인 진료 시스템'으로 좋은 첫 경험을 제공해야 한다.
- **콘텐츠**: 병원 방문 체크 리스트, 진료 후 관리 가이드, 첫 방문 안내 영상
- **채널**: 문자 안내, 병원 앱, 실내 디지털 사이니지
- **광고 전략**: 병원 브랜딩 강화, 방문 후 만족도 조사 연계 마케팅

⑥ 재방문 및 추천(Retention&Advocacy)

– 병원에 만족하고 재방문하거나, 지인에게 추천하게 된다.

- **전략**: '지속적인 관계 유지'를 통해 충성도 높은 고객으로 전환시켜야 한다.
- **콘텐츠**: 맞춤 건강 정보, 주기적인 메시지 발송, 후속 진료 안내
- **채널**: 문자/SMS, 카카오 알림톡, 이메일 뉴스레터
- **광고 전략**: 기존 환자 대상 이벤트 알림, 후기 작성 유도, 추천 시 혜택 제공

마케팅 계획과 퍼널 전략의 연결점

퍼널 전략은 단순한 개념에 그치지 않고, 실제 마케팅 계획의 방향을 잡고 채널 운영 방식을 구체화하는 데 중요한 역할을 한다.

병원이 인지 단계에서 효과가 부족하다면 브랜드 노출을 높일 수 있는 콘텐츠 중심 채널에 힘을 실어야 하며, 고려 단계에서 환자 이탈이 발생한다면 후기나 비용 정보를 보완해 선택을 유도할 수 있도록 해야 한다.

이처럼 퍼널의 각 단계는 채널 선택과 메시지 구성의 흐름을 정리하고, 마케팅 자원을 어디에 집중할지 결정하는 데 기준이 된다.

퍼널 단계별 집중 채널 예시

- **인지 단계**: 지역 타깃형 검색 광고, 블로그, 유튜브, 오프라인 간판/전단
- **관심/고려 단계**: 홈페이지, 네이버 리뷰, 블로그 후기, SNS 콘텐츠
- **전환 단계**: 네이버 예약, 병원 콜센터, 카카오 채널, 챗봇
- **재방문 단계**: 문자 리마인드, 카카오 알림톡, 뉴스레터, 후속 진료 안내

퍼널은 마케팅 실행뿐만 아니라, KPI 설정과 성과 분석에도 효과적으로 활용할 수 있다.

전환율(CVR), 이탈률, 채널별 예약 전환 수와 같은 주요 지표를 퍼널의 각 단계에 맞추어 수치화하면, 병원 마케팅에서 어느 지점이 취약한지 구체적으로 파악할 수 있다.

이를 통해 막연히 '무엇을 더할까'를 고민하기보다, 정확히 '어디를 어떻게 보완할지'에 집중할 수 있게 된다.

퍼널 기반 병원 마케팅 전략의 장점

퍼널 전략을 기반으로 마케팅을 설계하면 다음과 같은 실질적인 이점을 얻을 수 있다.

❶ 이탈 지점 파악이 쉬워진다

전체 여정을 구조화해 보면, 어느 구간에서 환자가 많이 이탈하는지 데이터로 파악할 수 있다. 홈페이지 방문은 많은데 예약 전환이 낮다면 예약 흐름이나 설득 요소에 문제가 있을 수 있다.

❷ 채널과 메시지를 효율적으로 배분할 수 있다

모든 채널을 동시에 운영하는 것이 아니라, 단계별로 효과적인 채널에 예산과 콘텐츠를 집중함으로써 운영 효율이 높아진다.

> **핵심 TIP** 　병원 마케팅 계획, 이렇게 수립하자!
>
> **❶ 계획 없는 실행은 실패를 반복한다**
> 목표·전략·채널·콘텐츠·일정·예산을 구조화해 '설계도'부터 그려야 한다.
>
> **❷ 단기·중기·장기 전략을 구분하자**
> 즉각적 성과와 브랜딩, 장기적 정체성 구축까지 단계별 목표를 명확히 나누자.
>
> **❸ '퍼널 구조'를 기준으로 전략을 세분화하자**
> 환자의 인지 → 관심 → 고려 → 전환 → 내원 → 재방문 흐름을 기준으로, 각 단계에 맞는 콘텐츠와 채널을 설계해야 유입과 전환이 연결된다.
>
> **❹ 실행 가능성과 측정 가능성에 집중하자**
> 이상적인 기획보다, 현실 가능한 실행력과 KPI 기반의 피드백 루프가 중요하다.
>
> **❺ '우리 병원'에 맞는 맞춤 전략을 수립하자**
> 내부 자원, 지역 특성, 타깃층에 따라 실행 방식도 달라져야 진짜 전략이 된다.

6장

마케팅 채널 운영과 실행

| **"전략을 실행으로 바꾸는 실전 설계"**

병원 마케팅은 전략보다 실행이 중요하다. 내부 실행, 외부 대행, 혼합형 운영 방식의 장단점을 비교하고, 병원 규모와 자원에 맞는 최적의 실행 구조를 제시한다.

검색 기반, 노출 기반, 참여 기반으로 나뉘는 온라인 마케팅과 지역 밀착형 제휴 중심의 오프라인 마케팅을 병행하여, 환자에게 도달하는 효과적인 접점을 설계하는 방법을 설명한다.

채널 특성의 이해, 콘텐츠 기획, 타깃 분석까지 마케팅을 실제로 운영하기 위한 핵심 실행 전략을 이 장에서 다룬다.

"실행하지 않는 비전은 환각일 뿐이다."

- 토머스 에디슨(Thomas Edison)

효과적인 마케팅 실행을 위한 방법

1. 실행 방식의 선택 – 내부 실행, 외부 대행, 혼합형

마케팅 실행 방식은 병원의 규모, 인적 자원, 예산 상황, 그리고 운영 철학에 따라 크게 세 가지로 나눌 수 있다. 하나는 병원 내부에서 직접 실행하는 방식이고, 다른 하나는 외부 대행사에 맡기는 방식, 그리고 이 둘을 조합하는 혼합형 운영 방식이다.

어떤 방식을 선택하든 중요한 것은 병원의 여건과 마케팅 목표에 가장 잘 맞는 실행 구조를 선택해, 제한된 자원으로 최대의 효과를 이끌어내는 데 있다.

❶ 내부 마케팅 팀 구성(직접 실행)

병원 내에 자체 마케팅 팀을 두고 모든 채널 운영, 콘텐츠 제작, 광고 집행까지 직접 수행하는 방식이다.

- 장점

병원 내부에 전담 마케팅 팀을 구성하여 직접 실행하는 방식은, 병원의 브랜드 방향성과 진료 철학을 마케팅 전반에 일관되게 반영할 수 있다는 강점이 있다.

내부 구성원들이 병원의 운영 방식과 진료 특성을 가장 잘 이해하고 있기 때문에, 콘텐츠나 메시지에 현실감과 신뢰도가 높아지는 경향이 있다.

또한 병원 내부에서 즉시 피드백을 주고받을 수 있어, 필요한 경우 실시간으로 조정하거나 대응하는 것도 용이하다. 이러한 유연성과 병원 맞춤형 콘텐츠 제작 역량은 외부 대행사와 비교할 때 내부 실행 방식만이 지닌 중요한 이점이라 할 수 있다.

- 단점

내부에 마케팅 팀을 운영하려면 숙련된 인력을 직접 채용하고 유지해야 하기 때문에 인건비와 관리 비용 부담이 크다. 중소형 병원의 경우 이 점이 현실적인 제약이 될 수 있다.

또한 온라인 트렌드나 플랫폼 알고리즘처럼 빠르게 변하는 외부 미디어 환경에 민첩하게 대응하기에는 내부 인력만으로는 한계가 있으며, 다양한 채널 운영 경험 면에서 외부 전문 인력에 비해 부족할 수 있다.

❷ 외부 대행사 의뢰(전체 위탁형)

마케팅의 전반적인 실행을 병원 외부의 전문 대행사에 맡기는 방식이다. 콘텐츠 기획부터 광고 집행, 채널 운영 관리까지 모든 과정을 외부 전문가가 일괄적으로 수행하는 구조로, 병원은 전략적 방향성을 제시하고, 광고 효율을 분석하며, 실행은 대행사가 전담하게 된다.

- **장점**

전문 마케팅 대행사를 활용하는 가장 큰 장점은 최신 트렌드와 플랫폼 변화에 민감하게 대응할 수 있다는 점이다. 온라인 광고, 검색 엔진 최적화, 콘텐츠 운영 등 각 분야에 특화된 인력이 체계적으로 배치되어 있어, 병원 내부에서 직접 하기 어려운 고도화된 마케팅 전략을 빠르게 실행할 수 있다.

또한 인력 구성이나 운영에 대한 부담 없이, 결과 중심의 효율적인 마케팅이 가능하다는 점도 강점이다. 특히 대행사는 다양한 병원과 기업의 프로젝트를 통해 쌓은 실전 경험과 노하우를 갖고 있어, 이를 바탕으로 병원에 맞는 실행 전략을 제안하고 추진할 수 있는 실행력이 높다.

- **단점**

외부 대행사는 다양한 분야의 경험과 전문성을 갖추고 있지만, 병원 고유의 진료 특성이나 내부 문화를 충분히 반영하기에는 한계가 있다. 특히 의료 서비스처럼 민감하고 정체성이 중요한 분야에서는, 병원의 실제 가치나 방향성이 마케팅 콘텐츠에 제대로 녹아들지 못하는 경우가 생기기 쉽다.

또한 병원과 대행사 간의 소통이 원활하지 않으면, 전략의 방향성이 어긋나거나 기대와 다른 결과로 이어질 수 있다. 이 과정에서 발생하는 커뮤니케이션 오류는 전체 마케팅 성과에도 영향을 줄 수 있다.

무엇보다 전략 수립부터 실행까지 모두 외부에 의존하게 될 경우, 병원 내부의 마케팅 판단력과 실행 역량이 약화되면서 장기적으로는 외부 의존도가 과도하게 높아질 수 있다는 점도 고려해야 한다.

❸ 내부-외부 혼합형 운영

핵심 방향성과 기획은 병원 내부에서 진행하고, 채널별 실행(콘텐츠 제작, 광고 집행 등)은 대행사에 위탁하는 절충형 모델이다.

- 장점

내부와 외부의 장점을 적절히 조합한 혼합형 운영 방식은, 병원의 전략적 방향성과 외부의 실행 전문성을 동시에 살릴 수 있다는 점에서 큰 장점이 있다.

병원 내부에서는 진료 철학과 브랜딩 방향을 설정하고, 광고 효율을 분석하여, 외부 대행사와 논의 후 채널 운영 방식을 재조정하며, 외부 대행사는 이에 맞춰 콘텐츠 제작이나 광고 집행 등 세부 실행을 담당함으로써, 전략과 실행 사이의 균형을 효과적으로 유지할 수 있다.

또한 필요한 부분만 외부 자원을 활용하기 때문에, 전면 위탁보다 비용 부담이 적고 효율적인 운영이 가능한 경우가 많아, 현실적인 대안으로 선택되는 사례가 점점 늘고 있다.

- 단점

내부와 외부의 장점을 동시에 활용할 수 있다는 점에서 이상적인 구조처럼 보이지만, 혼합형 운영 방식 역시 몇 가지 주의할 점이 있다.

무엇보다 중요한 것은 병원 내부 담당자와 외부 대행사 간의 협업 능력이다. 양측이 같은 목표를 향해 유기적으로 움직이지 않으면, 전략과 실행 사이에 혼선이 생기기 쉽다. 특히 병원 내부는 진료 중심의 사고방식이 강한 반면, 외부 대행사는 실행 결과 중심으로 판단하는 경우가 많아, 접근 방식의 차이에서 오는 갈등이 발생할 수 있다.

또한 역할과 책임의 구분이 명확하지 않으면, 업무 진행 과정에서 책임 소재가 불분명해지고, 문제가 발생했을 때 서로에게 책임을 전가하는 상황으로 이어질 위험도 있다. 이러한 충돌을 방지하기 위해서는 초기부터 협업 구조와 업무 범위를 분명히 설정해 두는 것이 중요하다. 또한 채널별 광고 효율을 분석하고 외부 대행사에게 피드백을 주어 외부 대행사에서 채널별 운영 전략을 재설정하는 데 도움을 주어야 한다.

2. 병원 규모에 맞는 실행 전략 수립

마케팅 실행에서 가장 먼저 고려해야 할 것은 병원의 목표와 상황에 맞는 적절한 예산 규모를 정하는 일이다. 예산은 단순히 많고 적음의 문제가 아니라, 어떤 전략에 더 집중할지 방향을 잡는 데 중요한 기준이 된다.

중소형 병원의 경우, 전체 채널을 동시에 운영하기보다는 내부 실행 역량을 중심으로 구성하고, 제한된 예산 안에서 효과적인 채널을 선별해 점진적으로 확장해 나가는 방식이 현실적이다. 환자 인지도가 필요한 초기 단계에는 전환율을 높이는 광고 매체를 우선 활용하고, 이후 콘텐츠 중심 채널 광고 매체를 선택적으로 활용하는 흐름이 적절하다.

반면, 자원과 인력이 풍부한 대형 병원은 외부 대행사와의 협업 체계를 갖추고, 데이터를 기반으로 한 장기 전략을 수립해 체계적으로 마케팅을 운영하는 것이 효율적이다. 다양한 채널을 병행하면서도 타깃에 따라 메시지와 접근 방식을 다르게 설계하면, 전체 마케팅 효과를 극대화할 수 있다.

예산이 넉넉하지 않은 경우에는 전체 마케팅 일정을 기반으로 중요한 시점과 단계별 목표에 따라 실행 순서를 조정하는 방식도 효과적이다. 모든 것을 한 번에 실행하기보다는, 시간과 자원을 적절히 배분해 나가는 계획적인 접근이 마케팅의 지속성과 효율성을 높이는 핵심이 된다.

채널 특성과 미디어 이해가 핵심이다

마케팅 실행에서 가장 중요한 것은, 단순히 채널을 사용하는 것이 아니라 매체의 특성을 정확히 이해하고, 그에 맞는 채널을 목표와 타깃에 맞게 선택해 실행하는 것이다. 이는 같은 예산으로도 훨씬 더 큰 효과를 기대할 수 있는 가장 현실적이고 전략적인 방법이다.

온라인과 오프라인 매체는 각각 접근 방식과 작동 방식이 다르며, 전달력과 효과 역시 타깃에 따라 크게 달라진다.

온라인은 타깃 세분화와 실시간 데이터 분석이 가능하고, 검색 기반 광고나 피드형 콘텐츠 등 다양한 방식으로 유연하게 운영할 수 있다. 반면 오프라인은 병원의 위치, 진료 분야, 지역 기반 인지도를 높이는 데 효과적인 채널로, 물리적인 노출을 통해 직접적인 브랜드 인식을 형성할 수 있다.

온라인 마케팅의 세 가지 접근 방식

온라인 마케팅은 단순히 광고를 내보내는 행위가 아니라, 환자와 병원이 처음 만나고 관계를 만들어 가는 중요한 접점이다. 이 접점을 어떻게 설계하느냐에 따라 마케팅의 흐름과 효과가 완전히 달라진다.

병원 마케팅에서 온라인 채널은 크게 세 가지 방식으로 접근할 수 있다.

첫 번째는 검색 기반 마케팅이다.
환자가 필요를 느끼고 직접 정보를 찾기 시작하는 흐름에서 시작된다.
검색창에 병원명이나 진료 과목, 증상을 입력하면서 병원과의 첫 연결이 이루어진다.
이 단계에서는 정확하고 신뢰감 있는 정보 제공이 가장 중요하며, 콘텐츠의 질과 구조가 환자의 선택에 큰 영향을 미친다.

두 번째는 노출 기반 마케팅이다.
사용자의 검색 여부와 관계없이 병원 콘텐츠가 먼저 노출되는 방식으로, 브랜드 인지도를 높이고 관심을 유도하는 데 효과적이다.
익숙하지 않던 병원이 자주 눈에 띄게 되면서 자연스럽게 기억되고, 이후 검색이나 행동으로 이어질 가능성이 커진다.

특히 시각적 콘텐츠나 영상 등 직관적인 표현이 강점을 가진다.

세 번째는 참여 및 확산 중심 마케팅이다.

환자가 단순히 정보를 보는 데서 그치지 않고, 콘텐츠에 반응하거나 공유하면서 자연스럽게 관계를 확장시켜 나가는 방식이다.

리뷰, 후기, 댓글, 커뮤니티 내의 대화 같은 환자의 참여가 중심이 되며, 실제 경험에 기반한 콘텐츠는 다른 환자에게 강한 신뢰를 전달한다.

병원에 대한 이야기들이 다양한 경로를 통해 퍼져 나가면서, 단단한 신뢰의 기반이 형성된다.

이 세 가지 방식은 각각의 목적과 역할이 분명하며, 병원의 상황과 목표에 따라 조합하여 설계하면 더 강력한 마케팅 효과를 얻을 수 있다.

마케팅은 단발적인 활동이 아니라, 환자와 관계를 형성해 나가는 지속적인 과정이다.

그 시작점에서 이 세 가지 흐름을 이해하고 전략적으로 연결해 가는 것이 중요하다.

그럼 지금부터 이 세 가지 접근 방식이 어떻게 작동하는지, 실제 마케팅에서 어떻게 활용할 수 있는지 하나씩 자세히 살펴보자.

① 검색 기반 마케팅(Search-Driven Marketing)

온라인을 통해 병원을 찾는 과정은 환자마다 다르게 전개된다. 특정 질환에 특화된 병원을 바로 검색하기도 하고, 가까운 지역 내 진료 과목 중심으로 병원을 찾기도 하며, 때로는 증상을 먼저 검색한 뒤 관련 병원으로 자연스럽게 이어지기도 한다. 이처럼 환자들의 검색 경로가 다양한 만큼, 각기 다른 상황에 있는 환자들이 필요로 하는 정보를 각 상황에 맞게 제공하는 것이 중요하다.

또한 검색 기반 마케팅에서 중요한 것은, 제작한 콘텐츠가 사용자의 검색 결과에 얼마나 효과적으로 노출되느냐에 달려 있다는 것이다.

사용자는 대게 검색 결과 상위에 노출되는 정보를 먼저 확인하고, 그 내용이 신뢰할 만하다고 판단되면 병원 선택으로 연결되는 경우가 많기 때문에, 네이버와 구글 등 주요 검색 플랫폼(채널)에서 우리 병원의 콘텐츠가 상위에 노출될 수 있도록, SEO 전략을 체계적으로 수립하고 실행하는 노력을 기울여야 한다.

최근에는 AI 검색이 확대되면서 검색 환경 역시 빠르게 변화하고 있어 이에 대한 인지와 준비도 필요한데, 기존의 키워드 중심의 SEO를 넘어, 질문에 정확히 답하는 콘텐츠 중심의 구조적 최적화, 즉 AEO(Ansewer Engine Optimization)의 중요성 또한 부각되고 있다.

이러한 변화의 흐름은 단순한 노출을 넘어, 사용자의 질문에 '가장 적절한 답변을 제공하는 주체'로 자리매김할 수 있도록 전환이 필요한 시점이기도 하다.

| 활용 매체 및 채널
- 병원 홈페이지
- 블로그
- 유튜브
- 검색광고
- 네이버 브랜드 검색

| 장점
- 병원을 필요로 하는 '핫 리드' 대상
- 자발적 유입이기 때문에 신뢰도와 몰입도가 높음
- 콘텐츠 품질로 차별화 가능

| 제한점
- 초기 설정과 콘텐츠 기획에 시간이 소요됨
- 노출까지 일정 시간이 걸릴 수 있음(SEO, AEO)
- 질 높은 콘텐츠가 지속적으로 필요함

❷ 노출 기반 마케팅(Exposure-Driven Marketing)

　노출 기반 마케팅은 환자가 병원을 적극적으로 찾기 이전 단계에서, 병원이 먼저 시선을 끌고 관심을 유도하는 방식이다.

　사용자의 검색 여부와 관계없이 SNS 피드, 유튜브 영상, 디스플레이 배너 등 다양한 채널을 통해 병원 콘텐츠가 노출되며, 병원의 존재를 알리고 브랜드 이미지를 형성하는 데 목적이 있다.

특히 병원이 개원 초기이거나 진료 분야가 아직 대중적으로 잘 알려지지 않은 경우, 인지도를 빠르게 확보하고 첫인상을 각인시키는 데 효과적이다.

짧고 직관적인 메시지, 강한 시각 요소, 모바일 환경에 최적화된 구성이 핵심이며, 사용자가 콘텐츠를 스쳐 지나가는 짧은 순간에도 병원의 이미지를 남기는 것이 전략의 중심이 된다.

최근에는 유튜브 쇼츠, 인스타그램 릴스, 카카오 모먼트, 네이버 GFA 등 피드 기반 노출 플랫폼이 활발하게 활용되고 있으며, 병원들도 콘텐츠를 소비하는 환경 자체에 맞춰 광고를 콘텐츠처럼 자연스럽게 설계하는 방식으로 전환하고 있다.

또한 노출 기반 마케팅은 단순한 무작위 노출을 넘어, 병원이 원하는 타깃 환자층에게만 선별적으로 노출되도록 설정할 수 있는 정밀한 방식으로 진화하고 있다.

지역, 연령, 관심 질환, 이전 검색 행동 등 다양한 조건에 따라 병원이 원하는 대상에게 광고를 집중 노출할 수 있으며, 한 번이라도 병원 홈페이지나 블로그를 방문한 사용자에게 광고를 반복적으로 노출해 재방문과 전환을 유도하는 리타깃팅 전략도 함께 활용된다.

대표적인 방식으로는 구글의 GDN(Google Display Network)이 있으며, 구글과 제휴된 다양한 웹 사이트, 앱, 유튜브 등에 이미지나 배너, 영상 형태의 광고를 노출하고, 사용자의 행동 데이터를 기반으로 정교한 타깃팅이 가능하다.

이처럼 노출 기반 마케팅은 병원의 첫인상을 만드는 접점이자, 이후 검색 기반 마케팅으로 연결되는 전략적 흐름의 출발점으로 작용한다.

검색 기반 광고에 비해 직접적인 전환율은 낮을 수 있지만, 브랜드의 첫인상과 신뢰 형성을 위해 점차 활용하는 곳이 증가하고 있다.

활용 매체 및 채널
- 유튜브/인스타그램/틱톡 광고
- GDN
- 카카오 모먼트
- 네이버 스마트 채널

장점
- 병원 인지도를 넓고 빠르게 확산 가능
- 타깃팅 옵션을 활용하면 특정 환자층에게 선별적 노출 가능
- 콘텐츠 활용 폭이 넓고 시각적 차별화 가능

제한점
- 검색 기반보다 전환율은 낮을 수 있다
- 클릭이나 유입은 있지만 실질적인 행동으로 연결되지 않을 수 있다
- 예산과 기획력이 성과에 큰 영향을 미치게 된다

❸ 참여 및 확산 중심 마케팅
(Engagement&Amplification Marketing)

참여 및 확산 중심 마케팅은 환자가 단순히 정보를 소비하는 데서 그치지 않고, 병원 콘텐츠에 반응하고, 공유하고, 다시 이야기하면서 관계가 자연스럽게 확장되는 방식이다.

병원 입장에서는 일방적인 전달이 아닌, 환자와의 양방향 소통을 통해 신뢰와 공감을 축적해 나가는 전략이라고 볼 수 있다.

대표적인 예로는 후기 작성, 별점 평가, 블로그 댓글, SNS 참여, 맘카페나 지역 커뮤니티 내의 자연스러운 언급 등이 있다.

이러한 활동은 환자의 실제 경험을 바탕으로 생성되는 만큼, 객관적인 정보보다 훨씬 더 높은 설득력과 신뢰도를 가진다.

특히 병원을 처음 접하는 예비 환자들에게는 공식 콘텐츠보다 다른 사람의 실제 이용 후기가 더 강력한 영향을 미치는 경우가 많다.

리뷰가 쌓이고, 후기 콘텐츠가 검색과 커뮤니티를 통해 노출되며, 병원의 평판은 점진적으로 확산된다.

이는 단순한 노출 이상의 효과로, 병원 선택에 실질적인 영향을 주는 '신뢰 유도형 콘텐츠 자산'이라 할 수 있다.

또한 병원이 SNS 채널을 통해 이벤트, 소통형 콘텐츠, 실시간 응답 등 환자의 참여를 유도하는 구조를 설계하면, 환자는 병원에 대해 더 깊은 관심과 유대감을 느끼고, 콘텐츠를 자발적으로 확산시키는 역할까지 하게 된다.

이러한 방식은 검색이나 광고 기반 마케팅과 달리, 시간이 지날수록 누적되고 자산화되는 장점이 있다.

즉각적인 반응보다는 지속적인 신뢰와 평판을 형성하는 흐름으로 병원 브랜딩에도 중요한 역할을 한다.

활용 매체 및 채널

- 블로그 댓글, 후기 게시판
- 병원 리뷰(네이버 플레이스, 카카오맵, 구글 지도)
- 인스타그램 리그램 이벤트
- 맘카페, 지역 커뮤니티

| 장점

- 환자의 실제 경험을 통한 설득력 있는 마케팅
- 리뷰나 후기 콘텐츠는 검색 기반 마케팅에도 긍정적 영향
- 자연스럽고 지속적인 브랜드 노출 가능

| 제한점

- 자발적 참여를 유도하기 위한 기획이 필요
- 후기 조작 등 부정적 이슈 발생 시 신뢰도에 악영향
- 운영과 모니터링에 꾸준한 관심이 요구된다
- 후기, 리뷰 콘텐츠는 의료 광고로 간주될 수 있어, 의도나 표현 방식에 따라 〈의료법〉 위반 소지가 발생할 수 있다

타깃 기반 온라인 마케팅 전략 수립

병원 마케팅에서 '어디에 광고를 할 것인가', '어떤 콘텐츠를 올릴 것인가'는 환자가 누구인가에 따라 완전히 달라진다.

아무리 잘 만든 콘텐츠와 광고도, 환자가 보지 않는 매체에 노출된다면 실질적인 효과를 거두기 어렵다.

따라서 온라인 마케팅 전략의 시작점은 언제나 '타깃 고객 분석'이다.

가장 먼저 해야 할 일은 우리 병원의 주요 환자층이 어떤 매체를 자주 이용하는지, 그리고 어떤 형식과 톤의 콘텐츠에 더 관심을 갖는지를 파악하는 것이다.

이 분석을 바탕으로 플랫폼을 선택하고 콘텐츠 방향을 결정해야 효율적인 운영이 가능하다.

❶ 타깃 고객 분석에 따라 매체를 선택한다

모든 병원이 인스타그램, 블로그, 유튜브를 운영한다고 해서, 우리 병원도 반드시 따라야 하는 것은 아니다.

병원마다 주요 환자층이 다르고, 환자마다 주로 머무는 온라인 공간의 성격도 다르기 때문이다.

예를 들어,

- 2030 세대 여성을 주요 타깃으로 설정했다면, 감각적인 이미지와 빠른 정보 습득이 가능한 인스타그램 릴스, 유튜브 쇼츠, 틱톡 등의 시각 중심 매체가 효과적이다.

- 반면, 4060 세대 주부층을 타깃으로 한다면, 인스타그램, 유튜브와 같은 시각 중심 매체와 여전히 높은 신뢰를 받는 네이버 블로그, 맘카페 등 텍스트 기반의 정보 매체를 혼합하는 것이 효과적이다.

진료 과목이 같더라도 타깃 환자에 따라 콘텐츠의 톤, 포맷, 활용할 매체는 완전히 달라져야 한다.

같은 피부과라고 하더라도,

- 20대를 대상으로 한다면 여드름, 피지, 민감성 피부 등 20대가 주로 겪는 피부 고민을 중심으로, 직관적인 이미지와 감각적인 피드를 활용한 인스타그램 콘텐츠가 유효하며,

- 40대 이상을 대상으로 한다면, 피부 노화나 색소 치료와 같은 주제에 대해 정보를 찾는 경향이 있어, 정보성 블로그 콘텐츠가 유효한 접점이 될 수 있다.

❷ 타깃이 '지역 기반'인 경우의 전략

만약 병원의 타깃 고객이 특정 지역 내 주민이라면, 지역 기반 매체 활용 전략이 유효하다.

- 네이버 검색 광고나 지역 키워드 중심 블로그 포스팅을 통해 '지역명+통증 클리닉', '지역명+어깨 통증' 등의 지역 기반 검색 유입을 확보한다.

- 카카오맵, 네이버 지도, 네이버 플레이스 관리를 통해 병원 주변 반경 내 사용자들에게 노출될 수 있는 위치 기반 플랫폼 최적화가 중요하다.

이처럼 오프라인 위치와 결합된 타깃 전략은 '무조건 전국 노출'보다 실제 내원 가능성이 높은 환자에게 도달할 확률이 훨씬 높다.

❸ 숏폼 콘텐츠와 변화하는 온라인 플랫폼

최근에는 틱톡(TikTok), 인스타그램 릴스(Instagram Reels), 유튜브 쇼츠(YouTube Shorts) 등 짧고 강렬한 숏폼 콘텐츠가 병원 마케팅에서도 주목받고 있다. 특히 젊은 세대는 30초 요약, 의사와의 짧은 대화, Q&A 요약 같은 콘텐츠 형식을 선호하며, 의학 정보도 압축적이고 재밌게 전달되는 콘텐츠에 더 쉽게 반응한다.

이러한 변화에 유연하게 대응하려면, 기존 블로그나 유튜브 외에도 새로운 트렌드를 수시로 관찰하고, 플랫폼별 사용자 성향과 콘텐츠 소비 패턴을 이해하기 위한 지속적인 관심과 노력이 필요하다.

유입과 신뢰를 동시에 만드는 콘텐츠

병원 콘텐츠 마케팅은 단순한 정보 전달이 아니다.

환자가 검색 또는 광고를 통해서 병원을 인식하고, 콘텐츠를 통해 신뢰를 형성하는 전체 여정을 설계하는 과정이다.

수많은 콘텐츠가 검색 결과 또는 노출 광고로 클릭을 유도하지만, 그 클릭이 상담이나 예약이라는 실질적 행동으로 이어지려면, 콘텐츠 안에 '유입'과 '신뢰'가 함께 설계되어 있어야 한다.

❶ 의료 콘텐츠는 '정확성'과 '공감'이 중심이어야 한다

의료 콘텐츠는 다른 업종의 마케팅 콘텐츠와 접근 방식이 근본적으로 차이가 있다.

건강, 생명, 치료라는 민감하고도 본질적인 주제를 다루는 만큼, 정확성과 진정성, 치료를 고민하는 환자의 불안과 질문에 함께하는 공감력을 갖추어야 한다.

병원이 하고 싶은 말을 일방적으로 나열하는 것이 아니라, 환자가 실제로 검색하는 키워드 질문, '환자 언어'를 중심에 두고, 그 위에 병원의 전문성과 치료 철학을 자연스럽게 녹여야 한다.

- **정확성**: 잘못된 정보는 신뢰를 무너뜨릴 수 있다.
- **진정성**: 단순한 병원 홍보보다, 환자의 입장에서 설명하려는 진심이 중요하다.
- **공감력**: 치료를 고민하는 환자의 불안과 질문에 함께하는 태도가 담겨야 한다.

❷ 콘텐츠의 세 가지 역할을 동시에 설계해야 한다

좋은 콘텐츠는 단지 클릭을 유도하는 기술적 글쓰기에 그치지 않는다. 하나의 콘텐츠가 검색 노출(SEO), 정보 제공, 병원 이미지 전달, 세 가지 역할을 동시에 갖출 수 있게 수행해야 한다.

- **검색 노출(SEO)**: 사용자가 자주 검색하는 키워드와 주제를 포함해야 한다.
- **정보 제공**: 치료에 대한 환자의 궁금증을 해결하고, 선택을 돕는 신뢰성 있는 내용을 담아야 한다.
- **병원 이미지 전달**: 콘텐츠의 톤, 구성, 디자인을 통해 병원의 성격과 가치를 직관적으로 전달해야 한다.

콘텐츠 기획의 핵심은 "이 콘텐츠를 접한 환자가 우리 병원에 대해 어떤 인상을 받을까?"라는 질문이어야 한다.
정보 중심인지, 신뢰 중심인지, 단순 광고인지는 보는 사람은 단번에 구분할 수 있다.

병원 콘텐츠 전략의 핵심은 검색 노출을 위한 기술적 설계와 신뢰를 주는 진정성 있는 메시지가 조화를 이룰 때, 병원의 이미지를 구축하고, 실제 환자 유입과 상담 전환으로 이어질 수 있다.

병원이 말하고 싶은 것 vs. 환자가 알고 싶은 것

콘텐츠 마케팅을 처음 시작하는 병원이 가장 먼저 마주하는 문제는 병원의 관점과 환자의 관점 사이의 간극이다.

병원은 자신들이 강조하고 싶은 최신 장비 도입, 의료진의 학력과 자격, 수술 후 빠른 회복 기간 등의 내용을 중심으로 콘텐츠를 구성하고자 한다.

병원의 경쟁력과 우수성을 알리고 싶은 욕구가 크기 때문이다.

하지만 환자는 이러한 정보보다 지금 자신의 문제를 해결할 수 있는가에 초점을 맞춘다.

환자의 검색 행동은 대부분 증상에 대한 설명, 회복 기간, 부작용 가능성, 치료 비용처럼 보다 현실적이고 개인적인 관심사에 기반을 두고 이루어진다.

이처럼 병원이 말하고 싶은 콘텐츠와 환자가 실제로 찾고 있는 콘텐츠 사이에는 크고도 명확한 차이가 존재하게 되는데, 이 차이를 인식하지 못한 채 병원 중심의 콘텐츠만을 지속적으로 생산할 경우, 검색 노출은 물론 환자의 공감도 얻기 어려워 콘텐츠는 소모적인 작업으로 끝나 버릴 가능성이 높다.

환자는 병원 블로그나 유튜브 채널을 병원 홍보용 자료로 보기보다, 자신의 고민을 해결할 실마리를 찾는 공간으로 여긴다.

따라서 병원이 제공하는 콘텐츠는 단순한 병원 소개나 시술 자랑이 아닌, 환자의 질문에 실질적인 답을 주는 정보여야 한다.

이를 실현하기 위해서는 병원이 진료하는 분야에서 환자들이 실제로 궁금해하는 질문을 먼저 수집하고 분석하는 과정이 선행되어야 한다.

이 질문들은 온라인 커뮤니티, 맘카페, 지식인, 유튜브 댓글, 블로그 검색어 등 다양한 플랫폼에서 환자 스스로 사용하는 언어로 포착할 수 있다.

'이 병원이 내 문제를 이해하고 있다.', '이 병원이 나를 위한 병원이다.'라는 인식을 만들어 내는 힘은 화려한 수치나 자랑이 아니라, 환자의 시선으로 구성된 콘텐츠의 내용과 톤, 그리고 매체 선택의 정교함에서 비롯된다.

매체별 광고 특징과 활용 전략

병원 마케팅에서 각 광고 채널은 타깃 환자의 특성과 마케팅 목적에 따라 다르게 작동한다.

여기에서 정리한 매체별 특성과 활용 전략은 현시점을 기준으로 정리한 내용으로, 향후 트렌드 변화나 플랫폼 정책에 따라 추가되거나 달라질 수 있으므로 유연한 시각으로 참고하기 바란다.

❶ 네이버 키워드 광고

가장 일반적으로 사용되는 병원 광고 채널이다. 검색 결과 상단에 노출되기 때문에 진료 의도가 뚜렷한 환자에게 효과적이다. 단, 인기 키워드는 경쟁이 치열하므로 '진료+지역+타깃'을 조합한 세분화된 키워드 전략이 필요하다.

❷ 블로그 마케팅

정보를 탐색하는 환자에게 다양한 정보와 신뢰를 줄 수 있는 대표적인 채널이다. 후기 중심 콘텐츠보다 의료 정보 중심의 글을 정기적으로 운영하는 것이 효과적이며, 네이버 검색에서 상위에 노출될 수 있도록 키워드 전략을 반영한 콘텐츠 설계가 중요하다. 필요에 따라 네이버 스마트 채널 등 다른 검색 기반 광고와 병행하면 도달 범위를 확장할 수 있다.

❸ 지역 맘카페 제휴 및 간접 광고

지역 내 30~50대 여성, 육아 맘을 타깃으로 할 경우 강력한 도달력을 가진다. 직접 홍보보다는 건강 정보, 질환 칼럼, 이벤트 콘텐츠 등 간접적인 접근이 효과적이며, 운영진과의 협업을 통한 자연스러운 노출이 효과를 높일 수 있다.

❹ 틱톡

2030들이 주를 이루지만, 40대 이상의 유저들이 꾸준히 늘어나고 있는 채널이다. 정보 전달보다 브이로그형 일상 콘텐츠, 해시태그 챌린지 등 재미와 감성 중심의 접근이 효과적이다.

❺ 인스타그램

미용, 성형, 피부과 등 비주얼 중심 진료과에 적합하다. 감각적인 이미지와 짧은 설명 중심의 콘텐츠가 효과적이며, 피드·스토리·릴스 등 다양한 광고 포맷을 활용할 수 있다.

❻ 페이스북

사용자는 줄고 있지만, 40~50대 이상 타깃에게는 여전히 유효하다. 세밀한 타깃 설정이 가능하고, 인스타그램과의 연동으로 운영 효율성도 높다.

❼ 카카오 채널

40~60대 여성 타깃에 효과적이다. 카카오톡 채널, 맘카페 연계, 카카오 비즈보드 배너 등을 활용할 수 있으며, 예약 유도형 메시지가 특히 반응이 좋다.

❽ 유튜브&쇼츠

브랜드 스토리 전달에 적합한 영상 채널로, 의료진 인터뷰나 병원 소개 영상 등이 효과적이다. 60초 내외의 쇼츠는 빠른 인지에 유리하며, 정보형 외에도 감성 콘텐츠가 높은 반응을 얻는다.

❾ 구글 검색·디스플레이 광고

외국인 환자 유입이나 구글 검색량이 많은 진료과에 적합하다. 키워드 광고 외에도 유튜브 디스플레이 확장, 구글 비즈니스 연계 등을 통해 활용 범위를 넓힐 수 있다.

⑩ 스레드

　짧은 글을 여러 개 연결해 하나의 흐름으로 구성하는 콘텐츠 형식이다. 복잡한 내용을 단계별로 나누어 설명하기에 적합하며, 정보 전달력과 공감 유도에 효과적이다. 인스타그램, 블로그, 커뮤니티 등 다양한 채널에서 활용 가능하다.

오프라인 채널 전략 – 지역 기반 접근의 정석

온라인과 모바일을 중심으로 정보 소비가 이루어지는 시대지만, 병원처럼 지역 환자와 직접 연결되는 업종에서는 오프라인 마케팅의 중요성이 여전히 유효하다.

특히 병원을 새로 개원했거나, 처음 마케팅을 시작하는 상황이라면 무엇보다 먼저, "우리 병원이 이 지역에 있다는 사실을 어떻게 알릴 것인가?"가 핵심 과제가 된다.

블로그, 네이버 광고, SNS 중심의 온라인 마케팅이 큰 영향을 주지만, 지금은 경쟁이 너무 치열해졌고, 광고 단가도 높아져 투자 대비 성과가 제한적인 경우가 많다.

이런 상황 속에서 병원 마케팅의 패러다임은 점차 변화하고 있으며, 오프라인 기반의 제휴와 협업, 지역 접근 전략이 다시 주목받고 있다. 오프라인 마케팅은 단순히 전단을 배포하거나 현수막을 내거는 '홍보 수단'만이 아니다.

그보다 더 중요한 것은, 병원이 누구를 위한 공간인지, 그리고 그 사람들이 실제로 머무는 생활 반경이 어디인지를 파악하고 그 안에 병원을 자연스럽게 노출시키는 것이다.

사람들은 병원이 필요할 때 갑자기 검색을 시작하는 것이 아니라, 이미 일상 속에서 본 적 있는 병원, 들어 본 이름, 지나가며 익숙해진 장소를 더 먼저 떠올리게 된다.

이런 점에서 지역 기반 마케팅은 짧게는 병원 방문의 '계기'를 만들고, 길게는 지역 내 입소문을 통한 자연 유입의 시작점이 된다.

많은 병원이 전단지, 배너, 지역 광고지, 현수막 등을 사용하지만 막상 환자 유입 효과가 낮은 이유는 간단하다. 우리 병원이 타깃으로 하는 고객층이 어디에 있는지 정확하게 모른 채 진행되었기 때문이다.

오프라인 마케팅은 '제휴와 협업'으로 확장될 수 있다

오프라인 마케팅은 단순히 광고 매체를 통한 일방적인 노출만을 의미하지 않는다.

제휴 마케팅은 단순한 '광고 수단'이 아니라 환자와 병원이 연결되기 전의 인식 단계에서 신뢰를 만들어 주는 장치다.

병원이 지역 사회 속에서 관계를 만들고, 신뢰를 쌓아 가는 모든 과정이 곧 마케팅의 일부가 될 수 있다.

병원 마케팅의 목적은 단순히 노출을 늘리는 것이 아니라 환자에게 병원의 존재와 가치를 인식시키고, 신뢰를 형성하는 것이다.

그런 점에서 오프라인 제휴와 협업은 디지털 광고로는 만들기 어려운 '신뢰 기반의 유입'을 가능하게 해 준다.

지역 밀착형 제휴 마케팅의 예시와 전략

병원이 위치한 지역 내에는 환자들이 일상적으로 오가는 생활 밀착형 상점과 시설들이 밀집해 있다. 반경 1~2km 이내의 카페, 미용실, 학원, 피트니스센터, 베이커리, 금융기관, 부동산, 일반 기업 등은 병원의 타깃 고객이 자주 찾는 공간이며, 이들과의 제휴는 병원의 인지도를 높이고 신뢰를 구축하는 데 효과적인 방법이 될 수 있다.

단순한 리플릿 비치에서 나아가, 서로의 고객을 연결하고 건강 정보를 나누는 '생활 속 접점 마케팅'으로 확장할 필요가 있다. 다음은 주요 제휴 대상과 실행 전략이다.

❶ 미용실·카페 제휴

- **전략**: 테이블 POP, 브로슈어, 건강 쿠폰 등을 통해 자연스러운 노출을 유도하고, 직원 대상 건강 상담 제공 등 리워드 형태의 협력도 가능하다.
- **활용 포인트**: 단골 고객이 많은 공간인 만큼 신뢰 기반의 콘텐츠로 접근한다.
- **예시**:

"○○병원과 함께하는 건강 뷰티 캠페인 – 탈모·두피 건강 자가 진단 안내"
"○○병원 × ○○미용실 공동 기획 – 두피 건강 체크 리스트 증정"

"○○병원과 함께하는 내 두피 자가 체크 캠페인 – 건강 가이드 배포 중"

❷ 아파트 커뮤니티 협업

- **전략**: 단지 내 게시판, 엘리베이터 안내문, 전단지 외에도 '입주자 대상 건강 강의'나 '1:1 건강 상담 데이' 등을 기획해 직접 방문형 프로그램으로 확장한다.
- **활용 포인트**: 지역 내 신뢰를 쌓을 수 있는 프로그램 운영이 핵심이다.
- **예시**: "○월 ○일, 주민센터 회의실에서 무료 건강 클래스 – 성장기 어린이 건강 관리 편"

❸ 학원·피트니스센터 제휴

- **전략**: 성장, 자세 교정, 운동 부상 예방, 다이어트 등을 주제로 공동 캠페인을 기획한다.
- **활용 포인트**: 교육 콘텐츠와 결합해 부모 또는 회원 대상 세미나·이벤트를 제공한다.
- **예시**: "○○의원과 함께하는 성장 클래스 – 우리 아이 키 성장의 비밀"

❹ 지역 행사 협찬 및 참여

- **전략**: 동네 축제, 어린이집 학부모 교육, 지역 걷기 대회 등 소규모 행사에 의료진 참여나 물품 후원, 건강 상담 부스 운영 등으로 자연스럽게 브랜드를 노출한다.

- **활용 포인트**: 직접적인 병원 홍보보다는 '건강한 지역 사회를 위한 병원' 이미지를 강조
- **예시**: "○○의원이 함께하는 가족 건강 체크존 – 혈압, 당뇨 간이 검사"

❺ 지역 기업·단체와의 협업

- **전략**: 지역 내 소규모 기업, 협동조합, 여성단체, 실버클럽 등과의 제휴를 통해 정기적인 건강 정보 제공, 예방 교육, 직원 상담 프로그램 등을 운영한다.
- **활용 포인트**: '근로자 건강관리' 또는 '복지 연계'의 일환으로 접근하면 제휴 가능성이 높다.
- **예시**: "○○사 직원 대상 건강 상담 주 1회 운영 – 어깨 통증, 소화 불량, 스트레스 해소 프로그램 제공"

이처럼 지역 사회 안에서 자연스럽게 병원의 존재를 알리고, 건강 정보 제공을 통해 신뢰를 쌓는 방식의 마케팅은 단기 광고보다 장기적으로 내원 전환율과 재방문율을 높이는 데 효과적이다. 병원의 정체성을 담은 콘텐츠와 타깃에 맞는 제휴 전략을 연결하면, 지역 밀착형 마케팅은 곧 병원의 브랜드 자산으로 이어진다.

또한, 오프라인 마케팅은 환자의 인지 → 검색 → 전환으로 이어지는 여정의 출발점이자, 온라인 전략의 토대를 마련하는 기반이 될 수 있다.

제휴 마케팅을 실행할 때 고려할 점

제휴 마케팅을 성공적으로 운영하려면 다음과 같은 요소들을 함께 고려해야 한다.

❶ 타깃이 겹치는 파트너 선정

병원의 진료과와 연관 있는 업종을 중심으로 접근해야 한다.
예: 성장 클리닉 ↔ 아동 학원, 정형외과 ↔ 헬스장, 여성 클리닉 ↔ 미용실·요가 센터 등

❷ 일회성보다 지속 가능한 관계 구축

한 번 홍보하는 것으로 끝나는 것이 아니라, 병원 측에서 정기적으로 콘텐츠를 제공하거나, 공동 이벤트를 제안하며 '함께 가는 관계'로 발전시켜야 한다.

❸ 직접적인 소통의 중요성

단순히 인쇄물을 전달하는 것보다, 병원 관계자가 직접 방문해 병원

의 진료 철학과 장점을 설명하고 협업 아이디어를 제시하는 방식이 더 효과적이다.

④ 온라인과 연계할 수 있는 구조 만들기

제휴를 통해 노출된 병원 정보가 홈페이지, 블로그, SNS에서도 연결될 수 있도록 온라인과 오프라인이 자연스럽게 이어지는 설계가 필요하다.

> **핵심 TIP** — 실행력 있는 병원 마케팅, 이렇게 시작하자!

① 실행 방식부터 전략적으로 결정하자
내부 인력 중심, 외부 대행, 혼합형 중 병원 상황에 맞는 구조를 선택해야 지속 가능하다.

② 채널보다 '매체의 작동 원리'를 먼저 이해하자
검색, 노출, 참여형 마케팅의 흐름을 구분하고 전략적으로 연결하라.

③ 온라인은 타깃 분석이 우선이다
우리 환자가 자주 이용하는 플랫폼과 콘텐츠 유형을 파악해야 효율이 올라간다.

④ 콘텐츠는 유입과 신뢰를 함께 설계하자
정확성·공감력·정보성이 조화를 이룰 때, 클릭이 전환으로 이어진다.

⑤ 오프라인은 단순 노출이 아닌 '생활 속 접점'이 핵심이다
지역 기반 제휴·협업을 통해 병원 존재를 자연스럽게 각인시켜라.

⑥ 광고는 '타깃×목적'에 맞춰 설계하자
매체별 특징을 이해하고 예산을 분산하지 말고 집중하자.

7장

마케팅 결과 분석과 전략 보완

> "전략은 실행으로 검증되고, 데이터로 다시 설계된다."

성과 없는 마케팅을 반복하지 않기 위해
성과 지표(KPI)를 기준으로 마케팅의 흐름을 점검하고,
환자의 반응을 수치로 읽어 전략을 보완하는 실전 분석의 장.

"측정할 수 없는 것은 개선할 수 없다."

- 피터 드러커(Peter Drucker)

결과를 분석하고 전략을 조정하자

병원 마케팅은 단순히 광고를 집행하는 데서 끝나지 않는다. 결과를 점검하고 효과를 분석한 뒤, 더 나은 방향으로 계속해서 개선해 나가는 것이 중요하다.

단순히 콘텐츠를 제작하고 광고비를 쓰는 것만으로는 부족하다. 그것이 실제 환자의 반응과 병원의 성장으로 이어졌는지를 확인해야 마케팅의 진짜 효과를 알 수 있다.

그러나 많은 병원이 이 중요한 과정을 생략하거나, 수치 대신 '감'에 의존하는 실수를 반복하다, 결국 "마케팅을 했는데 효과가 없다."라는 막연한 결론에 머무르게 된다.

이러한 시행착오를 줄이기 위해서는 마케팅의 '후반전'이라 할 수 있는 데이터 분석과 전략 조정에 더욱 집중해야 한다. 이때, 우리의 방향이 제대로 가고 있는지를 확인해 주는 기준이 바로 'KPI', 즉 핵심 성과 지표다.

KPI는 Key Performance Indicator, 즉 '핵심 성과 지표'를 의미한다. 말 그대로 우리가 세운 목표가 잘 이뤄지고 있는지를 수치로 확인할 수 있게 도와주는 기준이다.

병원 마케팅에서 KPI는 단순한 숫자가 아니라, 마케팅 활동의 방향이 옳은지를 판단할 수 있는 나침반과 같다. 예를 들어, 블로그 마케팅을 진행했다면 '방문자 수'나 '상위 노출률'이 KPI가 될 수 있고, 노출형 광고를 진행했다면 '광고 클릭률', '예약 전환율' 등이 해당된다.

KPI를 설정하면 마케팅 성과를 감에 의존하지 않고 객관적으로 점검할 수 있다. 어떤 채널이 효과가 있었는지, 어떤 콘텐츠가 환자의 반응을 이끌었는지 데이터를 통해 분석할 수 있으며, 이를 바탕으로 불필요한 지출은 줄이고 효과적인 전략에는 더 집중할 수 있게 된다.

요약하면, KPI는 마케팅 전략의 실행 결과를 수치로 보여 주는 이정표이며, 병원 마케팅의 다음 단계를 결정하는 데 있어 중요한 근거가 된다.

■ 병원 마케팅에서 자주 사용하는 KPI 예시

구분	지표	측정 목적
유입 지표	홈페이지 방문 수, 블로그 유입 수	콘텐츠, SEO 전략의 성과 확인
전환 지표	온라인 예약 수, 전화 문의 수	유입이 실제 환자로 연결됐는지 측정
유지 지표	재방문율, 상담 후 내원율	병원 신뢰도 및 고객 만족도 파악
브랜드 지표	SNS 팔로워 수, 브랜드 검색량	병원의 인지도 및 디지털 자산 평가
광고 지표	클릭률(CTR), 전환율(CVR), 광고비 대비 매출(ROAS)	광고 효율성과 예산 운용 효과 측정

병원 마케팅 KPI – 실전 해설과 활용법

조회 수만 봐서는 알 수 없다 – 병원은 '행동'을 유도해야 한다

대부분의 병원이 마케팅 결과를 판단할 때 가장 먼저 보는 숫자는 '조회 수'나 '노출 수'다.

그러나 병원 마케팅에서 중요한 것은 환자가 실제로 행동을 취했는가다.

'봤다'에서 끝나는 콘텐츠보다, '예약했다', '문의했다', '내원했다'는 결과로 이어졌는지를 기준으로 삼아야 한다.

이를 위해 병원 마케팅에서는 아래와 같은 KPI들을 반드시 확인해야 한다.

❶ 유입 수(Visits)

홈페이지, 블로그, 키워드 검색, SNS 등 각 채널을 통해 병원으로 유입된 사람의 수를 말한다. 마케팅의 첫 단계인 '관심 유도'의 결과를 보여 주는 기본적인 지표다.

▶ **예시**: 블로그 방문자 3,000명 / 네이버 스마트 플레이스 1,000명 / 유튜브 채널 클릭 800건

| **활용 포인트**
- 채널별 유입 흐름을 파악해, 어떤 매체가 가장 반응이 좋은지 판단
- 특정 콘텐츠 또는 캠페인이 유입에 어떤 영향을 주었는지 비교
- 유입 수는 '관심'의 척도일 뿐이며, 전환과 연결되지 않는다면 방향 수정 필요

❷ **전환율(Conversion Rate, CVR)**

유입된 사람 중 실제로 상담, 예약, 내원 등 행동을 취한 비율을 말한다. 이 지표는 마케팅이 실질적인 성과로 이어졌는지를 보여 주는 중요한 기준이다.

▶ **계산식**: (전환 수 ÷ 방문 수) × 100
▶ **예시**: 하루 500명 방문 중 25명 예약 〉 전환율 = 5%

| **활용 포인트**
- 채널별 전환율 비교를 통해 효율적인 매체 선정 가능
  (예: 블로그 vs. 키워드 광고)
- 콘텐츠 전환율이 낮다면 상담 유도 문구, 버튼 위치, 예약 링크 동선 등을 개선
- 전환 후 내원율이 낮다면 예약과 진료 사이의 병목 구간 점검 필요

❸ 광고 ROAS(Return on Ad Spend)

광고에 투입한 예산 대비 얼마나 수익이 발생했는지를 보여 주는 지표다. 단순히 많이 노출되는 것이 중요한 것이 아니라, 얼마나 돈이 되는 광고였는가를 판단한다.

▶ 계산식: (광고 수익 ÷ 광고비) × 100
▶ 예시: 100만 원 광고비 > 예약 진료 수익 500만 원 > ROAS = 500%

| 활용 포인트
- ROAS가 낮다면 타깃 설정, 문구, 랜딩 페이지 전환 구조를 재검토
- 광고 클릭은 많지만 전환이 없다면 콘텐츠 방향보다 UX 개선이 우선
- ROAS는 병원 경영과 직접 연결된 수익성과 직결되는 지표이므로 정기 점검 필요

❹ 고객 획득 비용(CAC, Customer Acquisition Cost)

신규 환자 한 명을 유치하기 위해 들어간 마케팅 비용이다. 장기적으로 지속 가능한 마케팅 구조를 위해 반드시 체크해야 할 재무적 지표다.

▶ 계산식: 총마케팅비 ÷ 신규 환자 수
▶ 예시: 한 달 광고비 300만 원, 신규 환자 100명 > CAC = 3만 원

활용 포인트
- CAC가 너무 높다면 비용 대비 수익률이 떨어진다는 의미
- 콘텐츠 중심 유입이 늘어날수록 CAC는 낮아짐 → 콘텐츠 전략이 장기적으로 중요
- CAC는 고객생애가치(CLV)와 반드시 비교해 분석

❺ 고객 생애 가치(CLV, Customer Lifetime Value)

한 명의 고객이 병원에 머무르는 동안 만들어 내는 총수익을 말한다. 신규 유입보다 '관계 유지'가 얼마나 중요한지를 수치로 보여 주는 지표다.

▶ 계산식: 1회 진료 수익 × 연 방문 횟수 × 평균 이용 연수
▶ 예시: 10만 원 × 3회 × 3년 > CLV = 90만 원

활용 포인트
- CAC보다 CLV가 높아야 마케팅 구조가 건강하다고 볼 수 있다
- 재방문율, 후기 관리, 유지 관리 프로그램 등은 CLV 증대의 핵심
- CLV가 낮다면 고객 만족도와 서비스 품질 개선이 우선

❻ 소셜미디어 참여도(Engagement Rate)

단순한 노출이 아닌, 콘텐츠에 대해 사용자가 어떤 반응을 보였는지를 수치로 보여 주는 지표다. 좋아요, 댓글, 공유, 저장 등 실질적인 상호

작용 수치가 기준이 된다.

- ▶ 계산식: (총반응 수 ÷ 팔로워 수) × 100
- ▶ 예시: 좋아요+댓글 300개 / 팔로워 5,000명 > 참여도 = 6%

| 활용 포인트

- 참여도가 높은 콘텐츠 → 유사 주제 반복 생산
- 참여율이 낮은 계정은 단순한 팔로워 수에 비해 영향력이 낮음(허수 계정 주의)
- 참여율은 브랜딩 효과와 콘텐츠 품질을 동시에 평가하는 지표

❼ **채널별 반응률**

여러 채널 중 어떤 채널이 실제 행동(예약, 문의 등)으로 이어졌는지를 보여 준다. 마케팅 비용의 효율적 분배를 위한 기준이 되는 수치다.

- ▶ 계산식: (채널별 전환 수 ÷ 해당 채널 유입 수) × 100
- ▶ 예시: 유튜브 유입 1,000명 중 50명 예약 > 반응률 = 5%

| 활용 포인트

- 유입은 많은데 반응률이 낮은 채널은 이미지 중심 브랜딩용으로 전환
- 반응률이 높은 채널에 예산과 콘텐츠 집중
- 채널 간 조합 전략 수립(예: SNS → 홈페이지 유도 → 예약 전환)

❽ 콘텐츠 반응 지표

콘텐츠에 대한 사용자 '소비의 질'을 측정하는 지표다.
조회 수보다 더 중요한 것은 얼마나 오래 읽히고, 얼마나 공유되었는가다.

▶ **측정 항목**: 평균 체류 시간 / 스크롤 완료율 / 공유 수 등
▶ **예시**: 평균 체류 시간 2분 이상, 스크롤 완료율 80% 이상 콘텐츠 > 고효율 콘텐츠

| 활용 포인트

- 체류 시간이 길고 공유가 많은 콘텐츠는 신뢰도를 높이고 전환 가능성도 상승
- 콘텐츠가 길더라도 스크롤 완료율이 높다면 '집중력 높은 주제'로 판단
- 인기 콘텐츠의 주제/구성/포맷을 기준으로 콘텐츠 전략 재설계

KPI 지표를 이렇게 해석해 보자

▎유입은(광고 클릭) 많은데 전환이 적다면?
▶ 콘텐츠의 관심도는 높았지만 행동 유도가 약하다고 판단됨, 랜딩 페이지의 이벤트 또는 UX 등의 수정이 필요

▎예약은 많은데 내원이 낮다면?
▶ 병원 위치, 진료 대기, 첫인상 등 오프라인 접점의 문제 가능성

▎ROAS는 낮고 CAC는 높은데 CLV는 낮다면?
▶ 수익 구조가 불안정. 광고 효율화와 재방문 전략 동시 개선 필요

　이러한 분석을 통해 무엇을 보완할 것인지, 어디에 집중할 것인지를 판단하게 된다. 데이터는 방향을 가리키는 도구일 뿐, 전략은 사람이 설계해야 한다.

■ KPI 점검 체크 리스트(한눈에 보는 정기 분석용)

항목	최근 수치	목표치	추이 변화	분석 메모
홈페이지 유입				
블로그 유입				
SNS 참여도				
예약 전환율				
내원율				
광고 ROAS				
CAC				
CLV				
콘텐츠 평균 체류 시간				

* 이 체크리스트는 매달 또는 분기마다 마케팅 팀 회의에서 사용하기 좋습니다.

1. KPI 분석을 위한 도구들

마케팅 성과를 수치로 읽기 위해서는 적절한 도구를 병행해서 활용해야 한다. 특히 병원 마케팅에서는 온라인-오프라인 연동형 분석 도구를 병행하는 것이 효과적이다.

분석 도구	주요 기능	활용 사례
Google Analytics(GA4)	웹 사이트 방문자 분석, 유입 경로, 이탈률	블로그 유입 후 내원율 추적
네이버 애널리틱스	네이버 채널 유입 분석	블로그나 스마트 플레이스 효과 측정
Meta Ads Manager	페이스북·인스타 광고 성과 측정	전환율, 클릭률, 광고 비용 대비 성과 분석
CRM 시스템	고객 상담 및 내원 이력 관리	전환율 계산, 재방문율 관리
스프레드시트 연동 보고서	커스텀 KPI 보고서 자동화	월간 캠페인 효과 보고서 작성

2. KPI는 전략이 살아 움직이게 만든다

병원 마케팅에서 KPI는 단순한 숫자가 아니라 진료 성과와 환자 경험을 종합적으로 반영하는 지표다.

매달 정기적으로 KPI를 점검하고, 그 결과에 따라 전략을 수정하며, 필요한 경우 AI 분석 도구나 외부 전문가의 자문을 활용하는 것이 병원 마케팅을 '살아 있는 구조'로 만드는 핵심 과정이다.

핵심 TIP 병원 마케팅 KPI, 이렇게 활용하자!

❶ '조회 수'보다 '행동'을 확인하자
노출·조회보다 예약, 문의, 내원 등 실제 행동이 더 중요하다.

❷ 숫자는 감보다 정확하다
'잘된 것 같다'는 착각을 줄이고, KPI로 명확한 성과를 확인하자.

❸ 채널별 효율을 비교하자
같은 콘텐츠라도 어디에 올렸는가에 따라 반응이 다르다.

❹ ROAS·CAC·CLV는 경영의 삼각 지표
단순 유입이 아닌, 수익성과 지속 가능성까지 함께 점검해야 한다.

❺ 정기 점검 루틴을 만들어라
매달 KPI 체크 리스트를 기준으로 회의하고, 전략을 조정하자.

❻ AI와 데이터 분석 도구를 적극 활용하자
직관이 아닌 데이터로 판단하면 전략의 정밀도가 달라진다.

8장

병원 마케팅의
법적 기준과 윤리

> "병원 마케팅, 법과 윤리 위에 설 때
> 비로소 신뢰가 완성된다."

〈의료법〉과 의료 광고 심의 제도의 기준부터 AI 시대의 윤리적 책임까지 혼란스럽기 쉬운 병원 마케팅의 법적·윤리적 경계를 명확히 짚어 주고, 병원이 신뢰를 잃지 않으면서도 지속 가능한 마케팅 전략을 세울 수 있도록 안내한다.

"법은 최소한의 도덕이다."

– 게오르크 옐리네크(Georg Jellinek)

병원 마케팅은 의료 기관의 생존과 성장을 위해 반드시 필요한 요소가 되었지만, 동시에 법적 리스크를 동반하는 영역이기도 하다.

　특히 〈의료법〉은 광고에 대한 규제가 엄격하고, 지역 보건소나 해석 주체에 따라 적용 기준이 다르게 해석되는 경우도 많아 병원 입장에서는 늘 긴장감 속에서 마케팅을 운영해야 하는 것이 현실이다.

　하지만 과도한 경계로 아무것도 하지 않는 것도 문제고, 무리하게 광고를 진행하다 법적 제재를 받는 것은 더 큰 리스크가 될 수 있다.

　결국 중요한 건, 법의 기본 원칙을 이해하고, 그 안에서 병원만의 마케팅 전략을 안전하게 설계하는 것이다.

〈의료법〉과 의료 광고 심의

병원 마케팅을 시작하면서 가장 많이 혼동하는 부분 중 하나가 바로 〈의료법〉과 의료 광고 심의 규정이다. 두 제도 모두 의료 기관의 마케팅 활동과 직접적으로 연결되어 있지만, 적용 범위와 목적에는 분명한 차이가 있다.

* 〈의료법〉이란?

〈의료법〉은 병원 운영 전반에 걸쳐 의료인의 자격, 의료 기관 개설, 진료 행위, 환자 권리, 홍보 활동 등 의료 서비스 제공과 관련된 모든 행위를 규정하는 법이다. 즉, 병원이 광고를 하지 않더라도, 병원명 사용, 의료진 소개 방식, 홈페이지 콘텐츠 구성, 진료 안내 문구 등에서 〈의료법〉 위반 소지가 있다면 행정 처분이나 과태료 부과 등 법적 제재를 받을 수 있다.

따라서 병원 마케팅을 기획할 때는 광고 여부와 관계없이 〈의료법〉을 항상 고려해야 하며, 병원의 모든 커뮤니케이션 활동이 해당 법규를 위반하지 않도록 주의해야 한다.

* 의료 광고 심의 규정이란?

　의료 광고 심의는 〈의료법〉의 하위 체계로, 병원이 광고를 집행하고자 할 경우 사전에 해당 광고가 법률을 위반하지 않는지를 심사하는 제도다. 즉, 의료 광고 심의 규정은 〈의료법〉에서 정한 광고 기준을 바탕으로, 보다 구체적인 표현 제한과 금지 사항을 명시하여 과장 광고, 거짓 정보, 소비자 오인을 방지하기 위한 제도라고 할 수 있다.

　현재 국내에서 의료 광고를 진행하려면 반드시 사전에 의료 광고 심의를 받아야 하며, 심의 없이 광고를 집행할 경우 〈의료법〉 위반으로 간주되어 행정 처분 대상이 될 수 있다. 특히 온라인 광고, 블로그, 홈페이지 배너, 옥외 간판 등 다양한 채널에서 광고로 해석될 수 있는 콘텐츠는 모두 심의 대상이 될 수 있으므로, 마케팅 실행 전 의료 광고 여부와 심의 필요성 여부를 철저히 판단하는 것이 중요하다.

〈의료법〉상 반드시 피해야 할 표현들

의료 광고는 타 업종보다 훨씬 제한이 많다. 그래서 법으로 금지된 표현은 절대 쓰지 않아야 한다.

의료 행위가 단순한 서비스가 아니라 환자의 생명과 건강에 직접 영향을 주는 행위이기 때문이다. 따라서 병원은 마케팅 콘텐츠나 광고 문구를 작성할 때, 법적으로 명확하게 금지된 표현을 우선적으로 배제해야 한다.

대표적인 금지 표현은 다음과 같다.

- 최고/최상/1위/전문가 등 객관적 근거 없는 최상급 표현
- 완치/100% 효과/절대 안전/부작용 ZERO 등 과장된 치료 효과 강조
- 비용 할인, 패키지 상품, 이벤트성 가격 안내
- 병원 내부 시술 사진이나 시술 부위 노출
- 구체적인 비교 문구 (타 병원보다 저렴, 더 빠름, 더 잘함 등)

또한 '전문의', '센터', '클리닉' 등의 명칭도 진료 과목 등록 여부에 따라 사용이 제한되므로 반드시 확인이 필요하다.

이러한 표현은 단 한 문장만 포함되어 있어도 광고 심의 불승인, 광고 중단, 과태료 부과, 영업 정지 등의 제재로 이어질 수 있으므로 콘텐츠 기획 초기에 반드시 '〈의료법〉 필터링'을 거치는 습관이 필요하다.

의료 광고 심의 시 주의 사항

　의료 광고 심의는 선택이 아닌 '의무 사항'이며 중요한 안전장치다.
　현행 〈의료법〉에 따르면, 의료 기관이 방송, 신문, 인터넷 등 매체를 통해 광고를 진행할 경우 의료광고심의위원회의 사전 심의를 반드시 거쳐야 한다. 이를 어기면 과태료는 물론 행정 처분까지 받을 수 있다. 심의는 단순한 절차가 아니라 광고로 인한 분쟁이나 신고가 발생했을 때 병원을 보호하는 안전장치로 작용한다.

　오늘날은 '광고냐, 아니냐'보다는 '누군가가 문제 삼을 수 있느냐'가 판단 기준이 되는 시대다. 홍보 콘텐츠에서 자칫 과장되거나 오해의 소지가 있는 표현 하나만으로도 신고가 들어올 수 있으며, 이 경우 심의 여부는 법적 대응의 핵심 근거가 된다.

　따라서 법적으로 애매한 표현은 피하고, 명확한 기준 안에서 병원의 색깔을 드러내는 콘텐츠 전략이 필요하다. 치료 효과, 시술 전후 비교 사진, 환자 인터뷰 등은 제한 또는 금지된 영역이 많기 때문에 반드시 관련 법규를 확인하고 전문가와 사전 검토를 거치는 것이 안전하다.

AI·챗봇 시대의 의료 마케팅 윤리

기술이 앞설수록 윤리가 기준이 된다

최근에는 ChatGPT, AI 콘텐츠 생성툴, 음성 챗봇 등 마케팅 업무를 자동화할 수 있는 기술이 빠르게 보급되고 있다.

병원도 이러한 기술을 활용해 블로그, 카드뉴스, 상담 챗봇 등을 제작하거나 환자의 질문에 자동 응답하는 시스템을 도입하고 있다.

하지만 의료는 단순 정보 전달 이상의 의미를 가진 영역이다.

AI가 만든 정보가 부정확하거나 환자에게 오해를 줄 경우, 의료 기관의 책임으로 연결될 수 있는 위험이 있다.

AI 기반 마케팅을 도입할 때 병원이 반드시 고려해야 할 윤리 기준은 다음과 같다.

- AI가 생성한 콘텐츠의 최종 감수자는 반드시 의료인 또는 병원 담당자여야 한다
- 환자의 건강 상태에 따라 치료법이 달라질 수 있다는 전제 조건을 명확히 표시해야 한다

- AI 챗봇이 제공하는 정보는 의학적 조언이 아닌 참고용 정보임을 안내해야 한다
- 〈의료법〉 위반 요소가 포함되지 않도록, 자동 생성 문구는 반드시 검수 절차를 거쳐야 한다.

AI 기술을 도입할수록, 콘텐츠의 정확성·신뢰성·공공성을 관리하는 병원의 책임은 더욱 커질 수밖에 없다. 결국 기술은 도구일 뿐이며, 병원 마케팅의 중심은 언제나 '사람'과 '윤리'여야 한다.

병원 마케팅에서 법은 '제한'이 아니라 '기준'이다

 병원 마케팅의 법적 기준은 창의성을 억제하는 장벽이 아니라 환자와 병원이 신뢰를 쌓기 위한 최소한의 가이드라인이다.
 기본적인 법적 금지 표현만 잘 숙지하고, 병원의 진료 철학과 환자 중심의 메시지를 일관되게 전달한다면 법을 지키면서도 충분히 효과적인 마케팅을 할 수 있다.

 이 장은 마케팅 실무자나 대행사가 아니라 병원 스스로 방향을 잡기 위해 반드시 알아야 할 현실적인 기준과 윤리를 담은 마지막 정리다.
 마케팅의 본질은 관계이며, 그 관계는 반드시 법과 윤리라는 신뢰 위에서 이루어져야 한다.

> **핵심 TIP** **병원 마케팅, 법과 윤리 안에서 전략을 설계하자!**

❶ '법'은 제한이 아니라 기준이다
법적 규정은 창의성을 막는 장벽이 아니라 신뢰를 지키는 최소한의 가이드라인이다.

❷ 〈의료법〉과 의료 광고 심의의 기준에 대한 차이를 명확히 알자
모든 콘텐츠는 〈의료법〉의 범위 안에서, 광고는 별도 심의 대상임을 구분해 전략을 짜야 한다.

❸ 금지 표현은 반드시 피하자
최상급 표현, 과장된 효과, 비교 광고 등은 심의 불가 및 법적 제재 대상이다.

❹ 광고 전에는 심의가 필수다
심의는 병원을 보호하는 안전장치이며, 불필요한 신고와 리스크를 줄이는 핵심 절차다.

❺ AI 시대일수록 '최종 책임은 병원'
AI가 만든 콘텐츠라도 〈의료법〉 위반 시 책임은 병원에 있다. 반드시 내부 검수 과정을 거쳐야 한다.

❻ 윤리와 신뢰가 전략의 중심이어야 한다
기술보다 중요한 것은 진정성이다. 법과 윤리를 기반으로 한 마케팅만이 환자와의 관계를 지속적으로 유지할 수 있게 만든다.

로컬 병원 마케팅

1판 1쇄 발행 2025년 8월 11일

지은이 김진백

교정 주현강 편집 이새희
마케팅·지원 이창민

펴낸곳 (주)하움출판사 펴낸이 문현광

이메일 haum1000@naver.com 홈페이지 haum.kr
블로그 blog.naver.com/haum1000 인스타 @haum1007

ISBN 979-11-7374-111-1(03320)

좋은 책을 만들겠습니다.
하움출판사는 독자 여러분의 의견에 항상 귀 기울이고 있습니다.
파본은 구입처에서 교환해 드립니다.

이 책은 저작권법에 따라 보호받는 저작물이므로 무단전재와 무단복제를 금지하며,
이 책 내용의 전부 또는 일부를 이용하려면 반드시 저작권자의 서면동의를 받아야 합니다.